Schirner Verlag

Susanne Hühn

Das Innere Kind

Selbstwert entwickeln

Schirner Verlag

Wir verzichten auf das Einschweißen unserer Bücher – **UNSERER UMWELT ZULIEBE!**

ISBN Printausgabe 978-3-8434-5109-3
ISBN E-Book 978-3-8434-6227-3

Susanne Hühn:
Das Innere Kind –
Selbstwert entwickeln

Umschlag: Murat Karaçay, Schirner,
unter Verwendung von # 104438123
(vector illustration), # 200530397
(christophkadur), www.shutterstock.com
Logo »Hände«: Murat Karaçay, Schirner
Lektorat: Claudia Simon, Schirner,
unter Verwendung der Bilder vom Umschlag
Printed by: Ren Medien GmbH, Germany

www.schirner.com

5. Auflage Mai 2019

Inhalt

Einleitung 7
Gute Botschaften für das Innere Kind 18
Übung: Dein Inneres Kind halten 18
Dem Inneren Kind zu Hilfe kommen 22
Übung: Den wunden Punkt erkennen 23
Innere Reise: Kontakt mit dem Inneren Kind aufnehmen 24
Übung: Das Innere Kind retten 27
Übung: Die Spur des Schmerzes zurückverfolgen 27
Innere Reise: Der Zaubergarten des Inneren Kindes 30
Zweisamkeit zelebrieren 37
Übung: Playdate mit dem Inneren Kind 38
Lob und Anerkennung 44
Übung: Wenn ich nur könnte, würde ich 52
Übung: Lobe dich selbst 57
Zärtlichkeit verschenken und austauschen 59
Innere Reise: Streichelmassage für dein Inneres Kind 66
Innere Reise: Das Innere Kind zu sich zurückholen 71

Innere Reise: Das Innere Kind in gute Hände geben 74
Innere Reise: Das Kuschelkrafttier des Inneren Kindes 77
Herzensgeschenke 80
Innere Reise: Das ideale Geschenk 84
Über die Autorin 96

Einleitung

Liebe Leser,

über Selbstwert wird viel geschrieben, und dennoch ist dieser Begriff seltsam unklar. Was genau ist denn damit gemeint? Wer wertschätzt wen? Die Seele den Menschen? Der Mensch die Seele, das Innere Kind, sein Ego? Gerade weil so viel darüber gesagt wird, gerade weil jeder spirituelle Lehrer und jeder Therapeut zu mehr Selbstwert auffordert, scheint es mehr ein Pflichtprogramm zu sein als etwas, das wir gern praktizieren würden. »Ja, ich weiß, ich sollte mich mehr wertschätzen«, höre ich Klienten sich selbst anklagend sagen. Was ist denn das für ein Anspruch? Kann man Wertschätzung erzwingen, oder kann man sie verordnen? Nein. Und das gilt auch für die Selbstwertschätzung.

Wann schätzt man jemanden wert? Wenn man ihn liebt. Und wie entsteht Liebe? Durch Wertschätzung. Sie bedingen sich gegenseitig. Woran erkennst du, dass dich jemand wertschätzt? Was muss er tun oder lassen, damit die Liebe überhaupt eine Chance hat?

Zumindest erwartest du, dass jemand freundlich und mitfühlend mit dir umgeht, oder? Du wünschst dir Anteilnahme, Interesse an dem, was du denkst und fühlst, du möchtest dich gesehen und gewürdigt fühlen, oder? Du möchtest, dass der andere das, was er verspricht, auch hält. Das darfst du zu Recht erwarten, denn an diesem Verhalten erkennt man nun einmal Wertschätzung.

Es gibt laut dem amerikanischen Psychotherapeuten Gary Chapman fünf Sprachen, mit denen wir Liebe und damit auch Wertschätzung ausdrücken und erkennen können:

Lob, Anerkennung schenken
Zärtlichkeiten austauschen
Hilfestellung anbieten
Zweisamkeit zelebrieren
Herzensgeschenke machen

Wie immer wir das auch sehen, wir können uns bestimmt auf Folgendes einigen: Unachtsamkeit, also über den anderen hinwegzusehen, ihn zu enttäuschen und seine Bedürfnisse zu ignorieren, steht ganz sicher nicht auf der Liste der Liebessprachen!

Und was hat das mit dem Inneren Kind zu tun? Alles. Denn die wichtigste innere Beziehung, die du führst, ist die mit deinem Inneren Kind, egal, ob dir das bewusst ist oder nicht. Warum ist das so? Weil das Innere Kind einen riesigen Einfluss auf dein emotionales System hat. Es ist entstanden, als du Kind warst, und das heißt, es hat all deine Gefühle ungefiltert und unreflektiert in sich aufgenommen. Warum? Weil du als Kind schlichtweg noch nicht in der Lage warst, dich selbst zu hinterfragen und das, was geschah, zu differenzieren. Was immer nun also heute auf dich zukommt, was immer dir das Leben abfordert oder anbietet, dein Inneres Kind hat eine eigene Sichtweise darauf, die häufig aus Verletzungen und Schmerzvermeidung resultiert. Wenn du dein Inneres Kind nicht kennst und nicht liebevoll versorgst, dann wirkt es unerkannt. Du bist dann sehr viel dünnhäutiger, als es deiner erwachsenen Natur entspricht. Nicht empfindsam, sondern empfindlich und schnell verletzt. Irgendwie scheint es jeder auf dich abgesehen zu haben, wenn dein Inneres Kind verletzt ist. Du suchst geradezu nach der Abwertung durch andere. Das versuchst du durch Selbstkontrolle zu kaschieren, und du setzt dich selbst unter Leistungsdruck. Oder du tyrannisierst deine Umgebung mit deinen Empfindlichkeiten. Klingt das zu krass? Nun, du kennst sicher mindestens einen Menschen, der genau das tut. Wenn wir als Kinder nicht genügend gehalten und unterstützt werden, dann bilden wir aus der Schmerzvermeidung heraus ein sogenanntes »falsches Selbst«, ein Konstrukt, das irgendwie versucht, sein Leben durch Selbstkontrolle und die Kontrolle anderer zu meistern, statt echte Reifung zu erlangen. Dieses »falsche Selbst« halten wir für den inneren Erwachsenen, weil es scheinbar stabil ist. Doch dieses Konstrukt ist völlig abhängig davon, dass es alles unter Kontrolle hat, besonders die eigenen Gefühle.

Im echten Erwachsensein sind wir gereift und vertrauen unseren Fähigkeiten, Lösungen zu finden, die allen Beteiligten einen Energiegewinn schenken. Wir versuchen weder unser Gesicht zu wahren, noch schieben wir die Verantwortung auf andere ab, wir übernehmen aber auch nicht zu viel davon. Wir wissen sehr genau, wofür wir tatsächlich verantwortlich sind und wo wir eine Grenze setzen dürfen. Wir sind auf undramatische Weise präsent und halten, was wir versprechen. Oder wir versprechen es erst gar nicht. Der innere Erwachsene ist weder emotional erpressbar, noch mischt er sich in Dinge ein, die ihn nichts angehen. Er kontrolliert nicht, sondern trägt Verantwortung. Und zeigt sich selbst genau dadurch seine Selbstwertschätzung. Es ist der innere Erwachsene, der Verantwortung für das Innere Kind übernimmt, denn das Innere Kind kann es nicht selbst. Es ist auch nicht kognitiv erreichbar. Warum nicht? Weil du als Kind noch keine gereifte Großhirnrinde hattest. Du erfuhrst die Dinge unmittelbar und rein emotional. Die Erfahrungen, die du machtest, sind ins Stammhirn einprogrammiert. Natürlich ist es sehr wichtig und sinnvoll zu verstehen, warum du womöglich eine ungesunde oder wenig hilfreiche Entscheidung getroffen hast. Es hilft sehr zu erkennen, dass deine kindlichen Erfahrungen oft genug aufgrund der Unzulänglichkeiten der Erwachsenen geschahen, dass du also nichts dafürkannst. Das heißt aber nicht, dass du dein emotional bedingtes Verhalten ändern kannst, nur weil du es jetzt besser verstehst!

Die sogenannten Glaubenssätze des Inneren Kindes sind keine echten Glaubenssätze, sondern Erfahrungen, die es gemacht hat. Einen Glaubenssatz erkennst du daran, dass du ihn hinterfragen kannst. »Stimmt das wirklich?«, fragst du dich und bekommst von deinem Gehirn eine vernünftige Antwort. Eine emotionale Erfahrung aber kannst du nicht hinterfragen, sie ist real und fest programmiert. Auf die Frage »Stimmt das wirklich?« kannst du nur mit »Ja« antworten, denn du hast die Erfahrung ja tatsächlich durchlebt. Um diese Verknüpfung zwischen emotionaler Erfahrung und getroffener Entscheidung zu knacken, braucht es neue gefühlte Erfahrungen – dieses Mal positive.

Der Unterschied: »Wenn ich nicht mehr richtig durchatme, dann tut es nicht so weh ...« kann ein Glaubenssatz sein. Auf die Frage »Stimmt das wirklich?« bekommst du die innere Antwort: »Nein. Es tut genauso weh, du hast nur noch ein Problem mehr, du bekommst keine Luft.« Ist es aber eine echte gefühlte Erfahrung, hast du erlebt, dass du durch Luftanhalten einen Schmerz vermeiden oder in Schach halten kannst, dann sieht das anders aus! Dann ist die Antwort: »Ja, das stimmt. Wenn du nicht so tief atmest, dann spürst du dich selbst nicht so stark, und dann spürst du auch den Schmerz nicht mehr.«

Und weißt du was? Beides stimmt, das ist ja das Verrückte. Deshalb braucht es, um das Innere Kind zu erreichen, weitaus mehr als »nur« andere Gedanken. Es braucht echte, gelebte neue Erfahrungen.

Wie also geht Selbstwertgefühl? Woran erkenne ich Selbstwertschätzung? Und was ist der Unterschied zum puren Narzissmus? »Ich trinke nur den teuersten grünen Tee, das habe ich mir verdient«, hörte ich neulich jemanden kundtun – das ist keine Aussage, die jemand in der Selbstwertschätzung trifft. Jemand, der sich selbst wertschätzt, trifft gar keine Aussagen. Er verhält sich einfach entsprechend. Und zwar still und unauffällig.

Wenn wir über das Innere Kind sprechen, dann ist es wichtig zu verstehen, dass die wesentlichen Antriebsgründe des Inneren Kindes Schmerzvermeidung und

Lustgewinn sind. Das sind aber noch lange keine Indizien für Wertschätzung, sondern das Säugetiergehirn sorgt mit diesen Trieben für das biologische Überleben.

Echte Selbstwertschätzung zu praktizieren bedeutet:

- ★ Ich bin für mich selbst da.
- ★ Ich bin in der Lage, für mich einzustehen.
- ★ Ich bin in der Lage, auch Unangenehmes durchzustehen, wenn es langfristig zu mehr Energie und Freiheit führt (zum Beispiel ein Gespräch zu führen, vor dem ich mich fürchte, oder einen Wohnort zu wechseln).
- ★ Ich sorge gut für meine Gesundheit.
- ★ Ich will mich selbst kennenlernen, und ich will wissen, was mich antreibt, wofür ich brenne.
- ★ Ich bin in der Lage, das, was ich aus tiefstem Herzen möchte, auch in die Tat umzusetzen. Bin ich das nicht, dann sorge ich dafür, dass ich Hilfe bekomme.
- ★ Ich bin mitfühlend mit mir.
- ★ Ich erwarte von mir selbst das Beste. (Vorsicht: Damit meine ich nicht, ich erwarte von mir, stets das Beste zu geben!)
- ★ Ich wünsche mir für mich das Beste und setze mich dafür ein, es zu bekommen, was immer das für mein Leben auch bedeutet.

- Ich höre mir selbst zu.
- Ich nehme das, was ich denke, fühle und weiß, ernst genug, um mich entsprechend zu verhalten.
- Ich verlasse Situationen, die mir schaden oder die mich nicht weiterbringen.

Wenn du dir das klarmachst, dann ist es verständlich, dass das verletzte Innere Kind oft genau das Gegenteil tut. Es klammert, hat Angst, verlassen zu werden, und hält lieber viel zu lange fest, weil es den Status quo kennt, als sich neuen Situationen auszusetzen. Das macht nichts. Das darf es. Denn zum Glück gibt es ja dich, den Erwachsenen.

Und hier beginnt die Wertschätzung, die wir uns selbst geben. Alle Techniken und Ideen über Selbstwertschätzung scheitern, wenn das Innere Kind nicht mitspielt. Du kannst dich zehnmal am Tag vor den Spiegel setzen und dir lächelnd »Ich liebe dich« sagen, aber wenn du dich deinem Inneren Kind gegenüber nicht liebevoll verhältst, dann verpufft die Wirkung wieder. Du kannst dir absolut darüber im Klaren sein, dass du deine Grenzen wahren darfst und dass du die Verantwortung für dein Wohlergehen selbst trägst. Wenn aber das Innere Kind nicht gehütet wird, kannst du dieses Wissen nicht umsetzen, ganz einfach. Weil die älteren Gehirnteile immer stärker und aktiver sind als die neueren, wenn wir nicht bewusst mit uns umgehen.

Wie verhalte ich mich meinem Inneren Kind gegenüber liebevoll? Wie hüte ich es? Was braucht es? Zunächst einmal: Willst du überhaupt etwas mit deinem Inneren Kind zu tun haben? Neulich gab ich ein Seminar, und eine Frau, die sehr bewusst ist und viel an sich arbeitet, erzählte nach einem Trancetanz: »Mein Inneres Kind hatte zuerst Angst, diesen Tanz zu machen, weil es nicht wusste, was auf es zukam. Ich sagte ihm: ›Stell dich nicht so an‹, und dann tanzte es mit mir.«

Ich antwortete: »Das ist super, dass du mit ihm gesprochen hast. Ich bitte dich, versuche es demnächst einmal mit ›Ich bin bei dir, und ich halte dich‹ statt mit ›Stell dich nicht so an‹.«

»Stell dich nicht so an« ist ein Killersatz, den du als Kind bestimmt oft genug gehört hast. Natürlich funktioniert er. Du schüchterst dein Inneres Kind ein, dann spurt es.

Wenn du Selbstwertschätzung praktizieren möchtest, dann halte dich an das, was du dir selbst versprichst. Sonst kannst du dir im wahrsten Sinne des Wortes nicht selbst vertrauen. Wie entsteht Vertrauen? Indem du erkennst, dein Gegenüber tut, was er sagt. Er hält seine Versprechen. Nun. Wie oft hast du die Versprechen, die du dir selbst gegeben hast, schon gebrochen? Wie sollst du dir selbst vertrauen, wenn du weißt, du machst ja doch nicht das, was du sagst? Anderen gegenüber schon. Aber immer auf deine Kosten. Wenn du dich selbst ausbeutest und dich selbst für andere im Regen stehen lässt, dann fühlst du dich mit dir selbst eben auch so. Die Beziehung zu dir selbst funktioniert wie jede andere auch. Erweist du dich dir selbst gegenüber nicht als vertrauenswürdig, dann vertraust du dir eben auch nicht, so einfach ist das.

Höre auf dein Gefühl. Sorge gut für dich. Ernähre dich gesund. Verhalte dich dir gegenüber so, dass du deine Liebe zu dir selbst spürst. Wenn du dein Inneres Kind ablehnst oder ignorierst, dann kommst du mit deiner Selbstliebe nicht weit, denn sie ist nicht echt. Sich selbst zu achten und sich wertzuschätzen, sich also seine Liebe zu sich selbst zu zeigen, bedeutet, du gehst eine bewusste und echte Beziehung mit dir selbst ein, mit allen Aspekten in dir. Besonders mit dem Inneren Kind.

Liebe ist bedingungslos, sonst ist es keine Liebe. Deshalb hier gleich die erste Übung, und ja, sie fällt dir sicher schwer. Das macht nichts. Es wird Zeit, dass du dich dir selbst gegenüber als liebevoll, mutig und vertrauenswürdig erweist, oder? Jede Beziehung braucht Einsatz, besonders wenn sie schon so lange krankt wie deine Beziehung zu dir selbst. Es braucht einen neuen Weg.

Gute Botschaften für das Innere Kind

Ich weiß, dass diese Übung eine immense Herausforderung darstellen kann. Nun ja, lieber Leser. Du möchtest lernen, dir selbst deine Wertschätzung zu zeigen. Bedingungslos. Für deine Liebe zu dir selbst darfst du durchaus ein wenig über deine üblichen Grenzen hinausgehen, die emotional kontrollierbare Komfortzone verlassen. Sonst zählt es nicht.

Übung: Dein Inneres Kind halten

Mache es dir bitte bequem, und nimm ein Kissen in den Arm. Noch besser wäre ein Kuscheltier oder eine Puppe. Ja, das meine ich so. Dieses Kissen, das Kuscheltier oder die Puppe steht stellvertretend für dein Inneres Kind. Hast du nichts, das du in den Arm nehmen kannst, dann ist es eine sehr gute Idee, dir einen Teddy oder eine Puppe zu kaufen, die stellvertretend für dein Inneres Kind steht. Nicht als Geschenk für dein Inneres Kind, sondern als Symbol. Damit du etwas Konkretes in den Arm nehmen kannst. Denn das Innere Kind ist keine gedachte Energie, sondern ein manifestiertes, physisch vorhandenes, im Körper gespeichertes Wesen.

Nimm also das Kissen, das Kuscheltier oder die Puppe in den Arm, schaue es/sie an, und nun sage ihm/ihr folgende Sätze:

- Ich liebe dich für das, was du bist, nicht für das, was du tust.
- Ich liebe dich bedingungslos.
- Bei mir bist du sicher.
- Ich halte dich.
- Ich sorge von nun an für dich.
- Ich achte darauf, dass es dir gut geht.
- Ich höre dich, ich sehe dich, und ich nehme dich wahr.
- Du bist mir wichtig, und ich sorge gern für dich.
- Ich bin stark und kann auf dich aufpassen.
- Du darfst dem, was du fühlst, vertrauen.
- Du darfst mir jederzeit zeigen, wie es dir geht.
- Du darfst sein, wie du bist, du brauchst niemandem zu gefallen, auch mir nicht.
- Ich sorge für dich, wenn du Angst hast.
- Meine Erwachsenen-Angelegenheiten musst du nicht meistern, das mache ich selbst.
- Du bist das Kind, du darfst spielen, und du darfst verletzlich sein.
- Wenn du dich verletzt fühlst, dann darfst du mir das sagen, und ich rette dich.
- Du darfst empfindlich und empfindsam sein.
- Du darfst mir immer sagen, was du brauchst, und ich sorge dafür, soweit es in meiner Macht steht, dass du es bekommst.

Selbstverständlich gibt es noch viele weitere Botschaften. Am besten sind die, die dir selbst einfallen. Sage deinem Inneren Kind all das, was du als Kind gern gehört hättest.

Muss dir dein Inneres Kind glauben? Musst du all das, was du sagst, auch genauso fühlen? Nein. Du darfst so tun, als ob. Diese Botschaften sind Absichtserklärungen, Angebote für dein emotionales System. Aber eines muss echt sein: deine Bereitschaft, wirklich für dich selbst da zu sein, selbst wenn du noch nicht genau weißt, wie.

Selbstwertschätzung erfordert in erster Linie Mut. Den Mut, zu sich selbst zu stehen. »Ich liebe mich selbst nicht genug, deshalb stehe ich nicht zu mir und achte mich nicht«, höre ich oft, doch in den meisten Fällen stimmt das nicht. »Ich habe nicht genug Mut, zu mir zu stehen, und deshalb spüre ich meine Liebe zu mir nicht« wäre meistens deutlich passender.

Mut zu haben ist eine der wesentlichen Voraussetzungen, damit du dir deine Wertschätzung auch zeigen kannst. Das Innere Kind kann sehr mutig sein – wenn es einen Verbündeten hat. Wird es eingeschüchtert, lebt es in Angst vor Strafe, dann wird es sich schön brav im Hintergrund halten. Ermutigen und stärken wir also unser Inneres Kind.

Wenn wir einen innigen, liebevollen Kontakt zu unserem Inneren Kind aufbauen wollen, dann ist es hilfreich, sich die genannten Sprachen der Liebe einmal näher anzuschauen. Und sie in Taten umzusetzen. Ich zeige dir auf den nächsten Seiten, wie du die fünf Sprachen der Liebe für dein Inneres Kind umsetzen und sie mit einer guten Botschaft, einer Erlaubnis, verbinden kannst. Botschaften wirken gleich doppelt so stark, wenn sie mit Handlungen verknüpft sind. Wenn du diese Übungen durchführst, das verspreche ich dir, dann wird aus deinem einsamen Inneren Kind ein glückliches, geliebtes Wesen.

Dem Inneren Kind zu Hilfe kommen

Die Erlaubnis:

Wenn jemand gemein zu dir ist, dann darfst du weinen, und du brauchst nicht mehr hinzugehen.

Was heißt das? Bedeutet das, du darfst von nun an zum Beispiel ein Meeting verlassen, wenn jemand etwas Blödes sagt? Natürlich nicht – zumindest gilt das für den Erwachsenen. Das Innere Kind dagegen darf dieses Meeting auf der Stelle verlassen, es hat dort sowieso nichts zu suchen.

Der erste Teil der Erlaubnis lautet: Du darfst weinen. Du darfst deine wahren Gefühle spüren. Du darfst erkennen, dass sich ein Teil in dir verletzt fühlt, egal, ob dir das gefällt oder nicht. Üblicherweise kennen wir zwei Reaktionen: Wir ignorieren unsere eigenen Gefühle und verdrängen sie so gekonnt (mit Essen, Rauchen, Kaffee, Sex, Computerspielen oder sonstigen Ablenkungsmanövern), dass wir sie wirklich nicht wahrnehmen. Oder aber wir regen uns fürchterlich über diejenigen, die uns verletzt haben, auf, richten unseren Schmerz nach außen, statt zu erkennen, dass etwas mit uns geschehen ist. Dass wir berührt wurden. Wir schreien Zeter und Mordio darüber, wie idiotisch sich ein anderer verhält.

In der Selbstwertschätzung aber wenden wir uns nach innen.

Übung: Den wunden Punkt erkennen
Zunächst atme bitte tief durch. Erkenne, dass etwas in dir berührt wird. Etwas, das dir nicht gefällt und das sich unangenehm anfühlt.

Und nun folgt Schritt zwei. Frage dich ganz ehrlich, woher kennst du das Gefühl, das gerade in dir entsteht oder schon tobt? Mache das bitte schnell, denn in ein paar Minuten wird deine perfekt funktionierende Schmerzvermeidung wirksam. Es gibt mehrere Möglichkeiten, das herauszufinden. Eine davon ist die: Nimm dir etwas zu schreiben.

- »Das ist, als ob …« beginnt der Satz, den du bitte vervollständigst.
- »Das fühlt sich an, wie …« oder »Das kenne ich von …«
- »Das ist, als wäre ich …«

Nutze dabei den Satzbeginn, der sich für dich am natürlichsten anfühlt. Zensiere dich dabei bitte nicht selbst, schreibe diese Sätze immer wieder, so lange, bis du den wunden Punkt erreichst. Nimm diesen Satzbeginn wie eine Art Spaten, und grabe dich tiefer in dein Innerstes hinein. Irgendwann stößt du auf einen Satz, der dich ernsthaft berührt. Bleibe dann da dran. Stelle dir die verletzende Situation von damals noch einmal vor, und dann gehe als die Frau, der Mann, die oder der du jetzt bist, mit in diese Situation hinein. Tue einfach so, als könntest du durch Zeit und Raum spazieren, und sei als der Mensch, der du jetzt bist, mit anwesend. Und dann gib dir selbst, was du damals gebraucht hättest, rette dich, gehe hin zu dir, und nimm dich in den Arm, hole dich aus dieser Situation heraus.

Wie geht das? Hier eine innere Reise, die du jederzeit anwenden kannst, wenn du dich um dein Inneres Kind kümmern willst:

Innere Reise: Kontakt mit dem Inneren Kind aufnehmen

Erlaube dir, es dir ganz bequem zu machen, lege dich hin, und schließe deine Augen. Es gibt nun nichts mehr für dich zu tun. Du brauchst in diesem Raum niemandem zu gefallen, es niemandem recht zu machen, für niemanden zu sorgen. Du bist hier ganz und gar nur für dich. Dies ist deine Zeit, und du darfst dich ein wenig tiefer sinken lassen, die Kontrolle über dich selbst loslassen. Alles an dir darf sein, wie es gerade ist, egal, ob es dir gefällt oder nicht.

Vor deinem inneren Auge entsteht nun ein Tor oder eine Tür. Dieses Tor führt dich in eine andere Welt, in eine Welt, in der die Dinge eine andere, tiefere Bedeutung haben. Stelle es dir einfach vor, jedes Tor ist gut und richtig. Du gehst durch dieses Tor hindurch und kannst ein weiteres Stück deiner Kontrolle loslassen. Hier bist du sicher. Hinter dem Tor liegt eine wunderschöne Landschaft, in der du ein wenig spazieren gehst, dich dabei ausruhst und bei dir selbst ankommst. Wenn du möchtest, dann rufe jetzt den Schutzengel deines Inneren Kindes. Dazu brauchst du gar nicht an Engel zu glauben. Dein Inneres Kind glaubt daran, und deshalb hat es auch einen. Vielleicht spürst oder siehst du einen Engel, vielleicht auch nicht. Sei sicher, wenn du ihn rufst, dann kommt er auch.

Nun gehst du weiter. Du entspannst dich immer tiefer, atmest befreit auf. In einiger Entfernung siehst du auf einmal eine ganz besonders markante, wunderschöne Stelle in dieser Landschaft, einen Wasserfall, eine mit Blumen bewachsene Lichtung oder eine weiß-türkisfarbene Bucht, wenn du an einem Strand bist. Du näherst dich dieser Stelle – und du siehst oder erahnst ein Kind.

Nimm nun bitte wahr, wie es diesem Kind geht. Bemerkt es dich überhaupt? Gehe auf das Kind zu, begrüße es, und sage ihm: »Ich bin jetzt für dich da. Ich sehe dich, ich höre dich, und ich nehme dich wahr.« Dann setze dich zu dem Kind, und erlaube ihm, dich in seiner Zeit wahrzunehmen und kennenzulernen. Es kann durchaus sein, dass dieses Kind gar nichts mit dir zu tun haben will. Es kennt dich ja möglicherweise nicht und ist es gewöhnt, allein zu sein. Erwarte bitte nichts von diesem Kind. Es braucht nicht zu funktionieren, und es braucht nicht nett zu dir zu sein. Du bist für das Kind da, nicht umgekehrt. Sei einfach da, und biete ihm deine Gesellschaft an. Wenn du den Schutzengel deines Inneren Kindes mitgebracht hast, dann bitte ihn, dem Kind zu geben, was es jetzt in diesem Moment braucht.

Und mehr gibt es im Moment nicht zu tun. Du lernst dein Inneres Kind erst einmal kennen, genau, wie es dich gerade kennenlernt. Bleibe bei ihm, schaue ihm beim Spielen zu, oder mache mit, nimm es in den Arm, wenn es das erlaubt, und verbringe Zeit mit ihm.

Irgendwann stehst du auf und gehst den Weg zurück, kommst durch das Tor. Nun verblassen die inneren Bilder, und du kommst mit deiner Aufmerksamkeit wieder in den Raum zurück, in dem du liegst. Du hörst mich sehr deutlich, beginnst jetzt, tiefer zu atmen. Dehne dich, recke und strecke dich. Öffne dann deine Augen.

Übung: Das Innere Kind retten

Willst du dein Inneres Kind aus einer schwierigen Situation befreien, dann stelle dir diese Situation vor, erinnere dich daran. Sieh dich selbst als Kind in dieser schmerzlichen Lage. Und dann stelle dir bitte vor, du gehst als der erwachsene Mensch, der du heute bist, zu dem Kind hin. Du nimmst es in den Arm und sagst ihm: »Ich bin für dich da.« Dann nimm es an der Hand, und rette es. Tue genau das, was du tätest, würdest du ein Kind, das du sehr liebst, in dieser Lage sehen. Nimm es aus der Situation heraus. Tue genau das in Gedanken und in deiner Vorstellung, was damals ein Erwachsener für das Kind hätte tun sollen.

Dich selbst zu retten, dich selbst zu halten und für dich einzustehen, auch im Nachhinein, ist wirklich die Basis für deine Selbstwertschätzung. Warum? Weil man das für jemanden, den man schätzt und liebt, einfach macht!

Schauen wir nun auf noch tieferer Ebene, was dich so unangenehm berührt hat, warum dein Inneres Kind weint.

Übung: Die Spur des Schmerzes zurückverfolgen

So mache es dir bequem, schließe deine Augen. Bitte deinen Körper, dir zu zeigen, an welcher Stelle der Schock oder die Verletzung, die berührt wird, gespeichert ist. Du fühlst das als Enge, als Schmerz, als Atemnot, als Verspannung. Atme bewusst an diese Stelle, erlaube dir, sie zu fühlen. Bitte deinen Körper oder dein Gefühl, dir jetzt innere Bilder zu geben, dich dahin zu führen, wo es entstanden ist, dir die Ursache zu zeigen. Sei vollkommen offen. Es kann sein, dass dir auf einmal eine Erinnerung in den Sinn kommt, lass sie sein, wie sie ist. Glaube dir selbst. Gehe noch ein bisschen tiefer, nimm dich selbst in dieser Situation wahr, egal, wie alt du bist und wie du aussiehst, vertraue deinen inneren Bildern. Meistens zeigt uns das Unterbewusstsein sehr rasch, worum es geht.

Selbst wenn du es im Moment noch nicht auflösen kannst, so weißt du jetzt doch, dass dieser Schmerz oder die Angst nichts mit dem zu tun hat, was gerade geschehen ist, sondern dich zu dir selbst und dem zurückführt, was in dir noch nicht verarbeitet ist. Du verstehst nun besser, warum du so reagierst, wie du eben reagierst, und kannst die Verantwortung dafür bei dir lassen. Komme dann wieder zurück. Du hast nun den Auslöser erkannt und kannst deshalb im jetzigen Moment erwachsen bleiben und reagieren.

Willst du es auflösen, dann stelle dir vor, dass du als der Erwachsene, der du jetzt bist, mit in diese Situation hineingehst und dein Inneres Kind, also dich selbst, rettest. Tue, was du tun würdest, wenn ein Kind, das du sehr liebst, in dieser Situation wäre. Sage dem Kind: »Ich sehe dich, ich höre dich, und ich nehme dich wahr, ich bin jetzt für dich da.« Mache genau das für dein Inneres Kind, was du für deine Tochter oder deinen Sohn tun würdest. Liebst du kein Kind, so liebst du vielleicht ein Tier. Hole das Innere Kind aus der Situation heraus, und bringe es an einen inneren sicheren Ort, oder halte es im Arm. Sage denjenigen, die es damals verletzt oder im Stich gelassen haben, dass du das nie wieder erlauben wirst, und nimm es mit zu dir. Bist du in der Situation, an die du dich erinnerst, kein Kind, so tue dennoch genau das gleiche für dich, hole dich da raus, rette dich selbst.

Nun folgt Teil zwei der ersten Erlaubnis für das Innere Kind: Du brauchst nicht mehr hinzugehen.

Was wäre, lieber Leser, wenn du dein Inneres Kind zu Hause lassen könntest, wenn du arbeiten gehst? Oder wenn es einen sicheren Ort gäbe, an dem es spielen dürfte, während du deinen Erwachsenenkram erledigst? Wie wäre es, wenn ich dir einen Zaubergarten anböte, in den du dein Inneres Kind schicken kannst, während du im Außen deinen Mann oder deine Frau stehst?

Ich biete diese Reise in jedem Buch über das Innere Kind an, kennst du meine Bücher, kennst du auch diese Reise. Wenn du sie aber kennst und anwendest, wozu liest du dann noch etwas über Selbstwert? Ich darf also davon ausgehen, dass es einer Erinnerung bedarf.

Innere Reise: Der Zaubergarten des Inneren Kindes

Du machst es dir bitte ganz bequem ... entspannst dich, atmest ruhig und langsam. Vor deinem inneren Auge entsteht eine wunderschöne Landschaft, eine Landschaft, die deiner Seele entspricht. Vielleicht kennst du sie schon, vielleicht entsteht sie genau jetzt vor deinem inneren Auge. Schaue dich in aller Ruhe um, entspanne dich, gehe spazieren ... Es gibt einen kleinen Weg, einen Pfad, und du gehst ihn gemächlich und friedlich entlang. Du nimmst die Landschaft mit all deinen Sinnen wahr, entspannst dich, lässt dich verzaubern. Nimm dir Zeit, anzukommen und die Landschaft zu erforschen. Sie ist beinahe magisch, und du fühlst dich augenblicklich wohl und entspannt.

Irgendwann kommst du zu einer Lichtung, hier ist es ganz still, und du spürst, etwas ganz Besonderes erwartet dich ... Achtsam näherst du dich der Lichtung.

Auf einmal entdeckst du ein kleines Kind, ein Mädchen oder einen Jungen. Als Frau kannst du durchaus auch ein männliches Inneres Kind haben oder umgekehrt. Vielleicht kennst du das Kind schon. Achte besonders darauf, ob es dich kennt und ob es auf dich zukommt. Dieses Kind ist vielleicht sehr verletzt, vielleicht spielt es auch friedlich mit den Tieren auf dieser Wiese oder im Wald, wo es sich befindet. Schaue es dir in Ruhe an, und gehe bitte mit ihm um, wie du mit einem Kind umgehen würdest, das du sehr liebst und beschützen willst. Frage das Kind, was es braucht, wenn es mit dir spricht. Wenn nicht, dann setze dich einfach in seine Nähe, und gib ihm Zeit, dich kennenzulernen.

Es wird Zeit, die Verantwortung für dieses Innere Kind zu übernehmen, und du spürst, wie sich der erwachsene Teil in dir innerlich aufrichtet und stärker wird. Du spürst die Mutter, den Vater in dir.

Nimm das Kind in die Arme, wenn du möchtest und wenn es das zulässt. Sage ihm: »Ich bin jetzt da. Ich sehe dich, ich höre dich, und ich nehme dich wahr.« Und dann sage ihm, dass du einen wunderbaren Ort kennst, einen Zaubergarten, in dem seine tiefsten und geheimsten Wünsche und Sehnsüchte erfüllt werden, in dem es behütet und geschützt ist, nie wieder allein, nie wieder einsam sein muss. An diesem Ort wird es nie wieder verletzt werden, es darf sich endlich entspannen und bekommt, was es braucht. Sage ihm, dass du gekommen bist, um es nach Hause zu bringen.

Du beginnst, den wunderschönen Weg weiterzugehen, und dein Inneres Kind begleitet dich. Vielleicht trägst du es, vielleicht nimmt es deine Hand, vielleicht aber springt es auch vergnügt vor dir her. Die Natur wird immer geheimnisvoller, magischer, immer schöner. Du fühlst dich wie in einem besonders geheimen Teil deiner inneren Landschaft, und so ist es auch.

Auf einmal kommst du an ein Tor. Ein Wächter steht davor, er ist groß und machtvoll. »Was ist dein Begehr?«, fragt er dich mit ernster Stimme, und du antwortest: »Ich bringe mein Inneres Kind nach Hause.« Augenblicklich öffnet sich das Tor, und du betrittst den schönsten Garten, den du je gesehen hast: einen Ort voller Magie, Liebe, Heilung, Fantasie und Geborgenheit. Dein Inneres Kind hüpft begeistert neben dir her, vielleicht ist es auch bereits vorausgerannt. Der Zaubergarten ist wunderschön, hier findest du alles, was das Herz deines Inneren Kindes begehrt.

Ein großer, sehr heller Engel tritt auf dich zu. Er begrüßt dich und das Kind sehr liebevoll und sagt dir: »Ich bin der Hüter dieses Ortes. Bei mir ist dein Inneres Kind sicher. Es bekommt hier alles, was es braucht. Du kannst mir vertrauen und es mir immer dann überlassen, wenn du im Außen als Erwachsener reagieren musst und willst.«

Nimm wahr, wie sehr es dich erleichtert zu wissen, dass dein Inneres Kind nun einen idealen, sicheren Ort hat, an dem es bekommt, was es braucht, behütet und genährt wird. Was auch immer dein Inneres Kind braucht, hier und jetzt bekommt es Heilung. Sei bitte ganz offen für die Art und Weise der Heilung, hier kann wahrhaftig alles geschehen. Für das Innere Kind ist es genau richtig, und du wirst gleich spüren, wie etwas in dir zur Ruhe kommt.

Sieh dein Kind, wie es erfüllt und glücklich ist, wie es endlich bekommt, was es braucht, und wisse, dass seine Bedürfnisse in diesem inneren Zaubergarten immer erfüllt werden. Hier kann dein Kind heilen, hier kann es sich erholen, hier ist der Ort, an dem es ganz werden darf und seine Liebe, Zauberkraft und Freude entfalten kann. Dieser Ort befindet sich mitten in deinem Herzen, und von hier aus kann das Innere Kind nun seine Liebe und Glückseligkeit in dein Leben hineinstrahlen lassen.

Wann immer du von nun an bemerkst, dass dein Inneres Kind Verantwortung für eine schwierige Situation übernehmen will, wann immer dieses hilflose und verzweifelte Gefühl kommt, kannst du es in den Zaubergarten schicken, den Hüter des Gartens bitten, für das Kind zu sorgen. Spüre bitte ganz deutlich, dass sich der Zaubergarten in deinem Herzen befindet, und bitte das Innere Kind, dir seine Energie in dein Herz zu senden. Nimm wahr, wie sich das anfühlt, wie warm und frei dein Herz auf einmal wird. Behalte das warme Gefühl im Herzen, erlaube, dass es sich in deinem ganzen Körper ausbreitet, und nimm deine Umgebung wieder wahr. Bleibe innen angebunden, und öffne deine Sinne gleichzeitig für die äußere Welt.

Recke und strecke dich, und sei ganz zuversichtlich, du hast nun einen Schutzraum für den verletzlichsten, liebevollsten Teil deines Selbst gefunden!

Wenn du nun also zur Arbeit gehst oder weißt, du triffst jemanden, der gemein zu dem Inneren Kind ist – nimm es nicht mit. Doch wir gehen noch ein Stück weiter. Denn manche Situationen dürfen wir wirklich komplett verlassen. Wenn du erkennst, dass dir eine Situation oder eine Person immer wieder schadet, dich immer wieder in ein Drama hineinzieht, dir unterschwellige Vorwürfe macht, dann begrenze den Kontakt, wenn er denn unbedingt sein muss, auf das Nötigste. Sind es gar deine eigenen Eltern, die das Innere Kind immer wieder verletzen, so entscheide, bevor du sie besuchst, wie lange du bleiben willst, und halte dich daran. Dein Inneres Kind hat wirklich nichts in diesen Situationen zu suchen.

Auch dein Inneres Kind braucht eine Möglichkeit, seine Liebe zu zeigen. Es will nicht nur geliebt werden, es will auch lieben. So frage es, was es denn gern tun möchte, wie es seine Liebe am besten zeigen kann, und finde eine Möglichkeit, dass es das tun kann.

Mein Inneres Kind hilft am liebsten, es massiert, streichelt, gibt einem anderen Wesen Wärme und Geborgenheit. Und weil es so ist, kann man es leicht ausnutzen. Deshalb muss ich sehr darauf achten, dass ich Grenzen setze, wenn jemand versucht, das, was mein Inneres Kind so gern verschenkt, zu fordern.

Ich habe lange Zeit als Physiotherapeutin gearbeitet, und das war gut und weniger gut zugleich. Gut, weil diese Arbeit zu meiner Bestimmung gehört und mir eine hervorragende Grundlage für meine psychologischen und spirituellen Ausbildungen bietet. Weniger gut, weil mein Inneres Kind so gern für andere da ist und nicht gut Nein sagen kann. Als ich noch nicht viel (um ehrlich zu sein: gar nichts) über mein Inneres Kind wusste, habe ich die Kleine, ohne es zu wollen, sicher oft überfordert. Sie neigt dazu, sich Liebe über das Dienen und Helfen zu sichern, und das ist nicht sehr gesund.

Schenke also deinem Inneren Kind die Möglichkeit, seinen Wunsch zu helfen auf sichere Weise auszuleben. »Sicher« bedeutet, dass du nicht davon leben musst und dass du aufhören kannst, wenn es genug ist.

Heute arbeite ich noch immer sehr oft mit Menschen, ich helfe weiterhin. Aber mein Inneres Kind ist nicht mehr dabei. Es lebt seine Liebe mit meinen Haustieren aus, die darf es streicheln und massieren, so viel es und die Tiere das wollen. Es darf. Es muss aber nicht. Denn um die Tiere zu versorgen, auch mit Zärtlichkeit, Gängen zum Tierarzt und was eben ansteht, dazu hat es mich, die Erwachsene.

Zweisamkeit zelebrieren

Die Erlaubnis:

Du darfst dir Zeit nehmen, um einfach einmal nichts zu tun, nur den Wolken zuzuschauen und Blumen zu pflücken.

Du bist effektiv. Du bist erfolgreich, und wenn nicht, so bist du damit beschäftigt, erfolgreich zu werden. Ich bin sicher, du hast alles gut im Griff. Aber gehst du wirklich deinen Weg? Oder bist du irgendwann einmal in eine Richtung geschubst worden und trabst nun diesen Weg entlang, einfach, weil er da ist? Achtest du darauf, dass du dir genug Auszeiten nimmst, weißt du, dass du deine inneren Kraftquellen nur dann nutzen kannst, wenn du auch einmal nichts tust? Träumen, in den Himmel schauen, Blumen pflücken bedeutet, die Kontrolle über sich selbst loszulassen und den inneren Impulsen zu folgen. Es bedeutet, einmal nicht effektiv zu sein. Wir brauchen Zeiten, in denen wir Kraft schöpfen können, ohne sie gleich wieder in Projekte oder in Beziehungen zu in vestieren. Im Schamanismus sagt man: Nähre dich dreimal selbst, bevor du etwas weitergibst. Einmal, damit du genährt bist, das zweite Mal für deine Reserven und das dritte Mal, damit du etwas zum Weitergeben hast. Meistens hören wir schon nach dem ersten Mal auf, uns zu nähren, und geben auch das weiter, was wir für unsere eigene Gesundheit und für unser Wohlbefinden bräuchten. Du kannst deine Auszeiten gar nicht wichtig genug nehmen. Zeiten, in denen du nichts zu tun brauchst, niemandem gefallen musst, einfach nur da sein und tun kannst, was du willst. Zeiten ohne Zeitdruck, ohne Termine und ohne Pflichten. Wenn du dir diese Auszeiten regelmäßig nimmst, dann bist du insgesamt weniger angespannt und gestresst. Um es biologisch auszudrücken: Gib deinem ständig erhöhten Adrenalinspiegel die Möglichkeit, ab und zu auf ein Normalmaß zu fallen, und deinem Nervensystem, aus dem effektiven Sympathikus- in den regenerierenden Parasympathikus-Zustand zu wechseln. Deine Gesundheit ist davon abhängig, dass du dich ab und zu wirklich entspannst.

Übung: Playdate mit dem Inneren Kind

Triff bitte eine ausdrückliche Verabredung mit deinem Inneren Kind. Gib einen Anfang und ein Ende des Treffens vor. Dein Inneres Kind darf entscheiden, was ihr macht, und wenn ihr gar nichts macht, so ist das auch gut. Auf dem Bett herumzulungern und Comics zu lesen ist ok. Kuchen zu essen ist ok, wenn du es nicht suchtartig tust. Wild zu lauter Musik zu tanzen und dabei verrückt auszusehen ist auch ok, es ist sogar ok, sich bunte Haarsträhnen zu kaufen und diese in die Haare zu klipsen, sich merkwürdig zu bemalen und komische Klamotten anzuziehen. Auf einer Luftmatratze zu liegen und zu träumen ist genauso ok, wie sich eine Puppe zu kaufen. Verstehst du? Gib deinem Inneren Kind bewusst Raum, und mache das, was das Innere Kind will. Nicht, um zu ... Sondern einfach so. Wir tun so vieles, damit wir hinterher umso besser funktionieren. Doch damit instrumentalisieren wir sogar die Auszeiten.

Etwas zu erlauben ist ein Akt der Hingabe, das heißt, du lässt deine Absichten, Wünsche und Ziele für einen Moment los und trittst innerlich beiseite. Indem du lernst, wieder wie ein Kind vor dich hin zu trödeln und das zu tun, worauf du gerade Lust hast, ohne nach dem Nutzen zu fragen, kann das Leben neue Bahnen in dir finden. Es fließt in die Bereiche hinein, die ausgebrannt und leer sind. Indem du nicht fragst, was bringt das und wozu dient das, sondern indem du dir einfach Zeit nimmst und nichts tust, wirklich nichts außer dem, wonach dir gerade ist, kehrt die natürliche Freude am Leben zurück. Du erlebst dich selbst wieder als fließenden, lebendigen Teil des Ganzen, nicht mehr als funktionierendes Rad im Getriebe. Du hast keine Zeit, du musst dich um die Kinder, die Wäsche, das Essen, deine Arbeit und den Garten kümmern? Ja, natürlich. Aber in erster Linie musst du dich um dein Inneres Kind kümmern, denn wenn dieser Teil in dir unzufrieden, unglücklich und ausgebrannt ist, fällt dir alles andere doppelt und dreifach schwer.

Dieser Schritt ist für uns meistens ungeheuer schwierig. Wir sind es nicht gewöhnt, ineffektiv zu sein, ja, wir haben regelrecht Angst davor. Hast du als Kind oft folgende Sätze gehört: »Hast du nichts Sinnvolles zu tun?«, »Trödel nicht so rum!«, »Sei nicht so faul!«, »Was soll nur aus dir werden?«?

Naja, irgendetwas ist ja aus dir geworden, oder? Wahrscheinlich bist du ein bisschen arbeitssüchtig, ängstlich (auch sich andauernd irgendwie ärgerlich zu fühlen kann ein Ausdruck von Angst sein), dass du nicht alles schaffst, was das Leben dir an Anforderungen zumutet. Wahrscheinlich weißt du manchmal nicht, wo dir der Kopf steht, und du musst dich öfter, als gesund ist, zusammenreißen und alles unter Kontrolle halten. Vielleicht beziehst du unterdessen einen guten Teil deines Selbstwertgefühls und deiner inneren Sicherheit aus ebendieser Fähigkeit, dich zusammenreißen und alles unter Kontrolle halten zu können, richtig?

Stelle dir einfach vor, du wärst jemand, den du wirklich liebst. Ich bin sicher, du würdest ihm raten, ab und zu die Seele baumeln zu lassen. Das Innere Kind kann das. Deshalb ist es ein idealer Ansprechpartner, wenn du dir eine Auszeit nehmen willst. Allerdings bietet dir das Innere Kind auch eine Herausforderung: Es will gespürt werden. Und es kann unbequem sein. Denn das Innere Kind nimmst du nur über deine Gefühle wahr. Es kann sich sehr viel leichter für dich anfühlen, einfach für eine Auszeit in ein Wellnesshotel zu fahren, als sich bewusst dem Inneren Kind zuzuwenden. Doch das eine schließt ja das andere nicht aus, oder? Ein wenig Aufwand darfst du also schon betreiben, um dein Inneres Kind auch wirklich wahrzunehmen. Denn darum geht es in der Selbstwertschätzung: Du vertiefst deine Beziehung mit einem sehr lebendigen, fühlenden Anteil in dir.

Es ist eine gute Idee, dir ein kleines Heftchen zu kaufen, am besten eines, das auch deinem Inneren Kind gefällt. Wann immer dir nun ein Impuls kommt, wann immer du spürst: »Oh, das würde mir bestimmt auch mal Spaß machen ...«, schreibe es auf. Deshalb musst du es noch lange nicht genauso machen. Mein Inneres Kind würde zu gern eislaufen können und in einem schönen Kleidchen prinzessinnengleich über das Eis schweben, aber der Aufwand ist zu groß. Ich müsste noch einmal neu geboren werden, vermutlich bräuchte ich auch einige andere Gene, von Anfang an müsste ich auf Schlittschuhen stehen, üben, bis es mir zum Hals raushängt, und so weiter ... Lass mal. Das weiß die Kleine auch. Also gehen wir in Gedanken eislaufen, und ich lasse sie im Fernsehen Eiskunstlauf gucken. Wir könnten eigentlich auch einmal zu »Holiday on Ice« gehen ... Sie möchte auch gern eine Meerjungfrau sein. Also bastele ich ihr aus einer kaputten Barbie eine Meerjungfrau.

Es kostet ein wenig Kraft, sich mit dem Inneren Kind auseinanderzusetzen und die eigenen nicht effektiven Träume, jene Träume, die nichts mit der spirituellen Bestimmung, sondern einfach nur mit Lebensfreude zu tun haben, ernst zu nehmen. Doch du bekommst die aufgewendete Energie zehnfach zurück.

Du hast nicht nur ein Inneres Kind, da gibt es auch den Teenager mit seiner unbändigen Kraft. Was will er? Dieser Teenager hat sich stundenlang neben den Plattenspieler gesetzt und immer wieder die gleiche Musik gehört. Er hat Gedichte geschrieben und Tagebuch geführt. Er hat sich mit der Haarbürste vor den Spiegel gestellt und getan, als sänge er. (Kommt, Leute, das war nicht nur ich!) Alles war unfassbar bedeutsam für den Teenager – oder unfassbar langweilig. Was war dir heilig? Was wolltest du? Lass dir endlich dieses Tattoo stechen. Gehe zu deiner Lieblingsgruppe, besuche die Konzerte, die du früher nicht besuchen konntest oder durftest. Schreibe deinem Liebsten einen romantischen Brief – von der 15-Jährigen an den Teenager deines Partners. Und male dir die Nägel an. Nicht dezent und büromäßig. Sondern so, wie es dein inneres Mädchen mag. Erinnerst du dich an die Freude, dich schön zu finden? Tue, was der halbwüchsige Junge will, du kannst jetzt auf dich aufpassen, und deshalb kannst du ihm sehr viel sicheren Raum geben.

Lerne diese inneren Anteile kennen, sie sind großartige Kraftquellen. Vor allem gilt Folgendes, und das ist wirklich ein Argument für die bewusste Beschäftigung mit diesen inneren Aspekten: Wenn du es bewusst tust, dann funken sie dir nicht unbewusst dazwischen. Du weißt selbst, wie sehr dir ein schlecht gelaunter Teenager den Tag verderben kann. Dein innerer Jugendlicher steht dem in nichts nach.

Lob und Anerkennung

Die Erlaubnis:
Du darfst Fehler machen und dich selbst ausprobieren.

Bist du perfektionistisch? Und, wie das oft so ist, auch noch stolz darauf, dass du dich selbst so herrlich instrumentalisieren lässt und dich selbst ausbeutest? Willkommen im Klub. Wenn du ein Perfektionist bist, dann kannst du nicht gewinnen. Der innere Antreiber legt die Stange einfach immer höher, damit du in dieser inneren Anspannung bleibst – denn diese schenkt dir einen sogenannten Sekundärgewinn. Wenn du versuchst, perfekt zu sein, dann vermeidest du, beschämt und ausgelacht zu werden, dich als Versager zu fühlen. Wurdest du als Kind oft beschämt oder angetrieben und abgewertet? Hast du Liebe nur über Leistung bekommen? Oder musstest du deinen Eltern allzu sehr gefallen und ihnen alles recht machen, um Aufmerksamkeit und Anerkennung zu bekommen? Dann treibt dich das von innen an. Du strengst dich über Gebühr an, damit du ja nie wieder Ablehnung erfährst. Du hältst aus und durch, egal, was es dich kostet, und hinterfragst nicht, ob du das, was du da so verbissen zu erreichen versuchst, überhaupt wirklich willst. Du bist in der Schmerzvermeidung gefangen, statt dich selbst im kreativen Erschaffen positiver Umstände zu erleben.

Das, was sich im Erwachsenenleben nicht immer vermeiden lässt, brauchst du deinem Inneren Kind nicht mehr zuzumuten. Denn du bist nun selbst für dein Wohlergehen verantwortlich, und zwar gleichgültig, ob du dieser Verantwortung nachkommst oder nicht.

Die gesamte Evolution lebt davon, dass sie sich erlaubt, Fehler zu machen, wenn wir unter »Fehler machen« ein Verhalten verstehen, das nicht zum gewünschten Ergebnis führt. Kinder lassen sich nicht so schnell entmutigen, wenn etwas schiefgeht, sie probieren es einfach weiter. Anders hätten wir niemals laufen und sprechen gelernt. Ein wirkliches Problem bekamst du erst, als du beschämt oder bestraft wurdest, als dir bewusst wurde, dass du in den Augen der Erwachsenen oder auch der anderen Kinder tatsächlich etwas falsch oder komisch gemacht hast. In Wahrheit bist du als Mensch, überhaupt als Lebewesen, in ewiger Ausbildung, in ewiger Anpassung. Du übst das Menschsein, denn dein Gehirn entwickelt sich permanent weiter. Du weißt heute Dinge, die du gestern noch nicht wusstest. Das Gehirn ist immer bestrebt, neue Informationen aufzunehmen, sie zu verarbeiten und deinem Weltbild und deinem Verhalten ein Update zu verschaffen. Du bist heute die weiterentwickelte Version von gestern. Du kannst nur lernen, wenn du ausprobierst, wenn du erkennst, wie etwas nicht geht. Und wenn du deine gewonnenen Erkenntnisse nutzt.

Wie also kommen wir darauf, es sei sinnvoll, uns keine Fehler zu erlauben? Weil wir funktionieren müssen. Weil wir einem Zweck dienen. Weil wir effektiv sein wollen. Und weil Fehler das Leben kosten können, unseres und das anderer. Wenn wir Verantwortung übernehmen, dann müssen wir uns auf uns selbst verlassen können. Ein Chirurg sollte tunlichst keine Fehler machen, zumindest nicht am OP-Tisch, und das gilt auch für alle anderen Berufsgruppen, die Verantwortung tragen. Also für nahezu jede.

Das Innere Kind aber trägt keine Verantwortung. Es ist ein Kind. Es kann keine Verantwortung übernehmen. Und deshalb darf es sich erlauben, Fehler zu machen. Weil das Innere Kind keine Verantwortung tragen kann, selbst wenn es das versucht, ist es umso wichtiger, dass du es immer dann, wenn du erwachsen agieren musst, an den inneren sicheren Ort bringst. Denn sonst ist es schlichtweg völlig überfordert. Du verkrampfst dich und agierst nicht aus der souveränen, lösungsorientierten

Großhirnrinde, sondern aus dem schmerzvermeidenden Stammhirn heraus. Dass sich dieses ewige innere Getriebensein nicht gerade nach Selbstliebe bzw. Selbstwertschätzung anfühlt, leuchtet ein.

Und es geht noch weiter. Denn aus der Angst heraus, Fehler zu machen, vermeidest du deinen eigenen Erfolg, dein eigenes Wachstum. Du bist einfach nicht frei, dein wahrhaft Bestes zu geben, wenn du im Vermeidungsmodus bist. Ich erlebe das, wie so oft, wenn ich über ein Thema schreibe, gerade am eigenen Leib. Und zwar gleich doppelt, heute Morgen und eben gerade wieder.

Wie du unschwer erkennen kannst, liegt mir das Innere Kind sehr am Herzen. Heute Morgen nun schrieb mir eine sehr liebe Bekannte über Facebook, ich solle doch einmal darüber nachdenken, ob ich nicht in Firmen gehen und dort Vorträge über das Innere Kind halten wolle. Immer mehr Firmen seien offen für dieses Thema.

Tatsächlich habe ich darüber schon nachgedacht. Doch immer meldete sich eine sehr vernünftige innere Stimme zu Wort, die mir sagte: »Du bist zu spirituell, die nehmen dich nicht ernst. Bleibe bei dem, was du schon tust, da bist du besser aufgehoben. Das ist deine Bestimmung.«

Ist das so? Heute Morgen wurde mir auf einmal etwas klar. So besonnen das auch klingen mag, so sichert mir diese Aussage doch nur meine Komfortzone. Denn mein (sehr geliebter) Vater ist Unternehmer. Ich habe in den 90er-Jahren in seiner Firma gearbeitet und Physiker, Ingenieure und Vertriebsleute ganz direkt erlebt. Ich habe gesehen, wie das Innere Kind der Mitarbeiter in der Firma wirkte und auch, wie sehr die Haltung des Chefs die Rollen der Mitarbeiter bestimmte. Ich wollte mit meinem Vater darüber sprechen, doch er meinte, dass das »Kokolores« sei. Was habe ich daraus gelernt? Dass mein Vater nicht offen war für diese Themen? Nein. Natürlich nicht. Mein Inneres Kind hat geschlussfolgert: »Ich bin nicht in der Lage, Worte zu finden, die Unternehmer und Chefs da abholen, wo sie stehen, ich spreche nicht die richtige Sprache, ich bin esoterisch, zu weiblich, zu blond, zu was weiß ich.« Ich habe gelernt, dass ich es einfach nicht kann. Dass ich nicht ernst genommen werde. Ich habe gelernt, dass mich besonders Männer, die in Führungspositionen sind, eher verachten als ernst nehmen. Es könnte natürlich sein, dass ich selbst eher im Inneren Kind festhing, als tatsächlich meine Frau zu stehen ... Vielleicht irre ich mich? Vielleicht kann ich es doch und brauche einfach ein etwas offeneres Publikum? Das wurde mir heute beim Zähneputzen klar. Vielleicht irre ich mich. Vielleicht will mich mein Inneres Kind nur davor schützen, mich wieder so beschämt und unfähig zu fühlen. Könnte immerhin sein ...

Die zweite Lektion bekam ich vor einer Stunde. Ich habe nächstes Wochenende eine Lesung meines neuen Romans, und ich suchte im Internet nach einem Link zu einer Leseprobe. Natürlich findest du, wenn du nach Büchern schaust, auch Bewertungen dazu. Und da kam es auch schon: »... zu esoterisch ... zu verworren ... Was soll das Schicksalsgedöns?« Und sogar das Killerwort für jeden Autor, langatmig, musste ich in einer Rezension lesen. Daraufhin hab ich den Computer zugeklappt und mich erst einmal erholt. Ich bin noch nicht ganz fertig damit.

Komme ich auf die Idee, dass jemand, der meine Bücher zu esoterisch findet, einfach nicht zu meiner Zielgruppe gehört? Nein. Ich glaube natürlich sofort, dass sie schlichtweg doof sind. Die Bücher, nicht die Leser. Würde sich Steven King über alle aufregen, die seine Bücher zu blutrünstig finden, dann käme er zu nichts mehr, oder? Also, natürlich sind meine Bücher esoterisch. Vielleicht ist der Roman wirklich nicht gut, aber das gleich anzunehmen, nur weil mir zwei ausdrücklich nicht spirituell interessierte Leser negative Bewertungen geben, ist nicht besonders sinnvoll.

Das meinte ich. Es ist das Innere Kind, das einfach kneift, weil es nie wieder Fehler machen will, nie wieder beschämt werden möchte. Dein Gehirn findet einigermaßen schlüssige Argumente, deine Schmerzvermeidung ist durchaus mit deinem Gehirn mitgereift. So will mir mein Gehirn einreden, ich sollte einfach keine Romane mehr schreiben, sondern mich auf Sachbücher konzentrieren. Aber wenn ich genauer hinschaue, dann wirkt das Gift auch bis in dieses Genre hinein. Ich sollte besser gar nicht mehr schreiben, sagt eine freundliche innere Stimme.

Aber das mache ich nicht, im Gegenteil, ich zeige dir einfach, wie es mir geht, und bitte dich, dein Fazit daraus zu ziehen. Wie oft vermeidest du deine eigenen Impulse, folgst ihnen nicht, weil es vermeintlich vernünftige Gegenargumente gibt? Das idiotischste Argument ist: »Ich bin schon zu alt.« Das mag stimmen, wenn du eine neue Sportart von der Pike auf lernen willst. Aber in den meisten Fällen ist es einfach nur eine Ausrede. Deshalb die Erlaubnis: Du darfst Fehler machen. Und du darfst dennoch weitermachen.

Dein Inneres Kind ist in Kontakt mit deinen wahren Bedürfnissen. Das bedeutet, es stellt immer wieder sicher, dass du emotional, mental und spirituell nicht allzu sehr aus dem Gleichgewicht gerätst, indem es dich wachrüttelt und an das Wesentliche erinnert. Es ist wie ein innerer Anzeiger, wie ein Regulierungsmechanismus, der dich darauf hinweisen will, wenn du aus dem Fluss geraten bist und am Strom des Lebens vorbeilebst. Das Innere Kind macht dich lediglich darauf aufmerksam, dass du ein bisschen zu sehr funktionierst, ein bisschen zu viel Kontrolle ausübst und ein wenig zu selten lachst. Es zieht an deiner Schürze, wenn du allzu ernst und im falschen Sinne verantwortungsbewusst – meistens nichts anderes als ein anderes, gut klingendes Wort für »ängstlich« oder »kontrollsüchtig« – lebst und dir zu wenig Fluss erlaubst. Aber das Leben ist nun einmal ein Fluss, ein Strom mit den entsprechenden Stromschnellen, Strudeln und Unwägbarkeiten. Das Innere Kind ist unbestechlich, weil es unbestechlich sein muss, das ist seine Aufgabe. Es lässt sich nicht hinhalten, betrügen und hintergehen, es weiß genau, was wirklich passiert, weil es die wirkenden Energien ungefiltert spürt. Es ist wie ein Seismograf, der dich schlicht auf deinen inneren Zustand aufmerksam macht, ob dir das gefällt oder nicht. Wenn du ihm nicht folgst, nun gut. Aber das Innere Kind ist kein nerviger, zappeliger Anteil, den du unter Kontrolle bringen musst, sondern dein wichtigstes Instrument, um innerlich stabil und im Gleichgewicht zu bleiben, verstehst du? Wenn du ihm nicht folgst, dann tust du es wahrscheinlich aus Angst nicht. Vielleicht befürchtest du, die Kontrolle zu verlieren und nichts mehr in Ordnung halten zu können. Aber das passiert nicht. Im Gegenteil. Folge deinem Inneren Kind und seinen Botschaften, und du bekommst weitaus mehr Kraft. Tust du es nicht, wirst du starr und hölzern, versteinerst oder erfrierst – dann kann die Lebensenergie nicht mehr durch dich hindurchfließen, weil die Kanäle vereist sind. Deshalb ist es vollkommen sinnvoll und klug, deinem Inneren Kind Raum zu geben und es als gute, hilfreiche, manchmal gar lebensrettende Kraft anzuerkennen, denn das ist es.

Übung: Wenn ich nur könnte, würde ich …

Nimm dir bitte etwas zu schreiben. Was würdest du gern tun, wenn du dich nicht schämen würdest, wenn du keine Angst hättest, es falsch zu machen oder ausgelacht zu werden? Ganz bestimmt gehört Singen dazu, oder? Einen Roman schreiben? Einen Rosengarten anlegen? Ein Kleid entwerfen? Das, was du aufschreibst, können kindliche Wünsche sein. Aber auch deine kühnsten Erwachsenenwünsche gehören auf diese Liste. Denn sie alle unterliegen der strengen Klausur der Schmerzvermeidung.

»Ein Pferd halten« gehört auf meine Liste und »Mir ganz lange Haarextensions machen lassen. In Kupfergold. Damit ich ganz schön aussehe«. Dazu musst du wissen, dass mir als Kind die langen Haare abgeschnitten wurden, weil es praktischer war. Mein Inneres Kind ist genau deshalb ganz versessen auf lange Haare.

Schreibe deine Liste, und ja, das, was daraufsteht, darf total albern sein. Schreibe dann bitte deine vernünftigen Gegenargumente dahinter, die Gründe, warum du es nicht machst. Ich bin sicher, da steht nun das, was bei mir auch steht: kein Geld, keine Zeit. Mehr fällt meiner Schmerzvermeidung nicht ein. Aber diese beiden Argumente erlauben auch keinen Widerspruch, deshalb genügen sie. Die Wahrheit ist natürlich eine ganz andere.

Pferd: Ich habe Angst, dass mich das Pferd nicht mag, dass ich es nicht hinkriege, es zu halten, dass es mich verletzt und dass ich erkennen muss, dass ich zu doof bin, das zu tun, was so viele andere hinkriegen.

Die kupfergoldenen, langen Haare: Ich habe Angst, dass alle (wer immer alle auch sein mögen, ich sagte nicht, dass Ängste irgendwie rational sind) finden, ich sei doof, aufgesetzt, dass ich ... ach, was weiß ich, ich höre jetzt auf zu schreiben und esse lieber ein paar Lebkuchenherzen.

So, erledigt. Ich konnte es leider tatsächlich nicht vermeiden.

Merkst du was? So ist das mit der Beschämung und den Fehlern. Sie nehmen dir jede Energie. Du verstehst. Schreibe diese Liste. Und dann gehe in Gedanken zu deinem Inneren Kind. Setze dich zu ihm. Stelle dir vor, dein Inneres Kind wäre in genau der Situation, die es sich erträumt. Und jetzt – schnell – was fühlst du? Was steckt hinter den Wünschen, welches Gefühl wünscht sich dein Inneres Kind in Wahrheit?

Stelle dir nun bitte eine Lichtsäule vor, die genau diese Eigenschaften bereithält, die sich dein Inneres Kind so sehr ersehnt. Das Kind stellt sich mitten hinein in dieses Licht – und es verwandelt sich. Es verändert die Form, zeigt sich in seiner wahren Gestalt. Es wird zu dem Glückswesen, als das es auf die Erde kam, um zu lieben. Es wird zu der Meerjungfrau, der Prinzessin, dem Zauberkind, zu Peter Pan oder einem schimmernden Drachen. Du verstehst. Es zeigt sich nun in seiner unverletzten Gestalt, als Märchenwesen, als Engel, als Elfe, als Zauberfee, als kleiner Indianer.

Du erkennst, wie stark und verletzlich zugleich dieses Wesen ist, wie sehr du es liebst und wie wichtig es für dein Leben ist. Du erkennst, dass du es nie wieder einer Bewertung aussetzen darfst, nicht einmal mehr deiner eigenen. Dieses innere Wesen braucht die Freiheit, sich selbst zu erleben und das zu tun, was es so gern tun möchte, egal, ob es das gut kann oder nicht. Und deshalb braucht es dich, den mitfühlenden, liebevollen Erwachsenen.

Denn es tut immer weh, einen Fehler zu machen. Nicht nur, wenn man beschämt wird. Es braucht immer Mut und Entschlossenheit, um weiterzumachen, nachdem man gescheitert ist.

Stelle dir nun also eine Situation vor, in der du als Kind oder als Erwachsener zumindest gefühlt einen Fehler gemacht hast. Das kann ein echter Fehler sein, einer, bei dem du gegen dein Gefühl und dein inneres besseres Wissen gehandelt hast, oder ein versehentlicher, weil du es nicht besser wusstest.

Sieh, wie es deinem Inneren Kind geht, wie es sich schämt oder von anderen beschämt und bestraft wird. Und nun gehe als der Erwachsene, der du heute bist, mit in diese Situation hinein. Sei nun also zweimal da. Gehe zu deinem jüngeren Ich, sei es ein Kind, ein Jugendlicher oder ein Erwachsener. Es wirkt dennoch immer das Innere Kind. Gehe hin zu dir, nimm dich in den Arm, und sage dir: »Ich bin bei dir, ich halte dich, und ich bin auf deiner Seite.«

Wenn es etwas wiedergutzumachen gilt, dann versprich dir, das zu tun. Stelle dir nun die Situation von damals noch einmal vor, sieh dich als dein jüngeres Selbst, wie du diesen Fehler begehst. Greife nun als das Selbst von heute ein, und stelle die Dinge richtig, sei mit dem Wissen von heute da, wenn das möglich ist. Ist es nicht möglich, dann sei einfach bei dir, und stärke deinem jüngeren Selbst den Rücken. Denn das ist es, was es so unerträglich macht, einen Fehler zu begehen: die daraus resultierende Einsamkeit. Du schämst dich sowieso schon. Spaltest du dich nun auch noch von dir selbst ab, willst du mit dir selbst nichts mehr zu tun haben, dann machst du es nur noch viel schlimmer. Stehe dir bei, bleibe bei dir, sei voller Mitgefühl da, und bringe die Dinge wieder in Ordnung, soweit das möglich ist. Etwas in Ordnung zu bringen kann durchaus bedeuten, um Vergebung zu bitten, auch ganz konkret. Es kann bedeuten, eine Schuld zu bezahlen. Etwas loszulassen oder endlich zu erledigen. Du weißt selbst, was zu tun ist, damit du den Fehler wiedergutmachst und deinem Inneren Kind zugleich zur Seite stehst. Du bist erwachsen, du kannst das. Sei dein liebevollster, innigster Verbündeter.

Warum sage ich immer wieder »Fehler«, machen wir nicht einfach alle nur Erfahrungen? Nein. Ich sage ausdrücklich »Fehler«, weil es sich für das Innere Kind so anfühlt, und das darf es auch. Zu lernen, dass wir, obwohl wir etwas falsch machen, geliebt werden, ist für unsere Selbstliebe sehr wichtig. Es hat keinen Sinn, deshalb von »Erfahrung« zu sprechen, damit wir uns nicht schlecht fühlen. Es geht darum, uns selbst bedingungslos zu lieben, egal, was wir tun, auch dann, wenn wir tatsächlich etwas falsch machen.

Warum fällt diese Erlaubnis, Fehler machen zu dürfen, unter »Anerkennung und Lob«? Weil nun die zweite Liste folgt. Was kann dein Inneres Kind richtig gut? Seine Fähigkeiten mögen in deinen Augen albern sein und nicht besonders alltagstauglich. Das macht nichts. Wenn du dich ein wenig mit Familienstellen auskennst, dann tue Folgendes (Kennst du dich nicht aus, dann schreibe diese Liste einfach so, oder probiere die Übung einfach einmal aus.):

Übung: Lobe dich selbst

Schreibe »Meine Talente« auf ein Blatt Papier. Lege es auf den Boden. Lass es einen Moment lang liegen, damit es Energie anzieht. Und dann stelle dich darauf, während du einen Notizblock in der Hand hältst. Schreibe nun alles auf, was dir auf diesem Platz in den Sinn kommt. Keine Sorge, da spricht nicht dein Ego.

Bleibe auf dem Platz stehen, oder setze dich wieder hin, was dir lieber ist, nimm dir deine Liste, und lies sie dir selbst laut vor. Setze dich dann vor einen Spiegel, und sage laut und deutlich zu dir selbst: »Ich lobe mich, weil ich …«, und dann teile dir selbst noch einmal die Punkte auf deiner Liste mit die natürlich jederzeit ergänzt werden darf und sollte!

Mache diese Übung bitte immer dann, wenn dich das Leben einmal wieder entmutigt hat. Das kann passieren. Aber du bist jetzt bei dir, du kannst dich in den Arm nehmen und dich wieder aufrichten.

Dein Inneres Kind möchte nicht nur gelobt werden, es lobt auch gern! Verkneife dir also nicht die Komplimente, die dir womöglich sogar Fremden gegenüber auf der Zunge liegen. Bleibe aber achtsam als Erwachsener bei deinem Inneren Kind stehen, damit es nicht verletzt wird, wenn es lobt.

Zärtlichkeit verschenken und austauschen

Die Erlaubnis:

Gehe zu Menschen, die dich umarmen, die dich lieb haben und denen du deine Liebe uneingeschränkt zeigen kannst und darfst.

Ich tue mich schwer damit, dieses Kapitel zu beginnen, und ich weiß auch, warum. Ich fühle mich heute ungeborgen. Ich bin gerade in einer Therapie, Colonreinigung, all die festgehaltenen Gefühle werden rausgespült. Mein Grundgefühl während vieler Jahre, als ich mich noch nicht mit dem Inneren Kind beschäftigte, war Ungeborgenheit. Ich konnte die Einsamkeit des Mädchens mit den Schwefelhölzern sehr gut nachfühlen.

Warum? Weil ich den Kampf um Liebe mit Liebe verwechselt habe. Ich war ewig damit beschäftigt, mich selbst zu verändern, zu verbessern, meine Reaktionen zu kontrollieren, mich zurückzunehmen, meine Gefühle irgendwie zu rationalisieren, statt anzuerkennen, was ich wirklich brauche und geben will. Ich habe erlaubt, dass mich mein damaliger Partner drei Tage lang mit Nichtbeachtung strafte, und später ließ ich es zu, dass mir ein anderer meine Sehnsüchte nach Zärtlichkeit und Sex auszureden versuchte, weil er selbst nicht mit seinem Körper klarkam. Unterschätze nicht, wie wesentlich es für dein Inneres Kind ist, gehalten zu werden. Die Sehnsucht danach, in den Arm genommen zu werden, kann so groß sein, dass sie alle anderen übertönt und du dich mit Partnern abgibst, die du üblicherweise nicht einmal anschauen würdest. Wenn du dann noch Zärtlichkeit mit Sex verwechselst oder Sex in Kauf nimmst, damit zu gehalten wirst, dann wird dein Inneres Kind gar nicht mehr genährt. Ich habe mich lange mit den für mich falschen Partnern abgegeben – Männern, die sich nie ganz entscheiden konnten, wirklich mit mir zusammen zu sein. Einer hatte starke Arme, ein anderer kochte immer für mich, nachdem wir sonntags im Wald spazieren waren. Ein dritter (nein, natürlich nicht gleichzeitig!) kannte sich sehr gut im Wald aus, wusste genau, welche Pilze wir sammeln konnten und welche nicht. Wie klingt das? Schon sehr nach Vater statt nach Partner, oder? Weil mein Inneres Kind dermaßen bedürftig war, dass ich als Frau gar nicht beurteilen konnte, ob ich den Mann überhaupt wollte!

Warum geben wir uns mit so wenig Zärtlichkeit zufrieden? Weil wir Angst vor Nähe haben? Davor, ausgesaugt zu werden, als bedürftig zu gelten, weil wir unsere Maske herunternehmen und uns in unserer Weichheit zeigen müssten, wenn wir uns als kuschelbedürftig zu erkennen gäben? Davor, (wieder) abhängig zu werden, wenn es sich zu gut anfühlt? Und wieder verlassen zu werden, wie wir es schon kennen? Hast du es gar erlebt, dass deine natürlichen, kindlichen Wünsche nach Zärtlichkeit von Erwachsenen brutal (und sexuell) ausgenutzt wurden? Auch emotionaler Missbrauch, der immer dann geschieht, wenn sich die Eltern Zärtlichkeit von den Kindern holen, statt sie zu geben, führt dazu, dass du deine Bedürfnisse fest unter Verschluss hältst.

Babys sterben, wenn sie nicht gehalten, sondern nur ernährt werden. Der taktile Reiz ist überlebensnotwendig, er reduziert Stress und verändert den Hormonspiegel. Wir sind aber meistens umgeben von sehr kontrollierten Menschen, oder wir sind gleich ganz allein. In der Partnerschaft bekommen wir Sex, obwohl in Wahrheit unser Inneres Kind gestreichelt werden will, oder umgekehrt. Wir können uns keine Tiere halten, weil wir nie zu Hause sind und viel zu wenig Zeit haben. Wir könnten einen Baum umarmen, doch das sieht komisch aus. Aus lauter Mangel unterdrücken wir unseren Wunsch nach Zärtlichkeit und kontrollieren uns durch zu viel Essen, Arbeit, Rauchen usw. Wir kämpfen um Liebe und unterdrücken unseren Wunsch danach.

Selbstwertschätzung geht anders. Nimm deinen Wunsch, gehalten zu werden, ernst. Rate ich dir, zu einer Kuschelparty zu gehen? Bedingt. Kuschelpartys sind großartig, können aber für das Innere Kind eine Falle darstellen. Nämlich dann, wenn sich andere energetisch an dir nähren, statt dir etwas zu geben. Probiere es bitte dennoch aus, zumindest für den Erwachsenen in dir – mein Inneres Kind allerdings braucht etwas anderes. Es kann sich nicht gut abgrenzen, und das sollte es auch nicht tun müssen, denn beim Kuscheln geht es ja genau um das Gegenteil.

Der erste und wesentliche Schritt ist, dass du dir deine Bedürftigkeit eingestehst. Sie ist völlig normal. Bedürftig wirst du, wenn du deine Bedürfnisse nicht anerkennst und dem Leben damit die Chance verwehrst, dich zu erfüllen. Wenn du deine Bedürftigkeit anerkennst, dann wirst du vielleicht eine schmerzhafte Sache anschauen müssen: Du bist im Kampf um Liebe gefangen. Das Innere Kind ist es mit Sicherheit. Und das spiegelt sich im Außen.

Wie beenden wir den Kampf um Liebe? Indem wir anerkennen, dass wir diese Liebe nicht erlangen können, indem wir darum kämpfen. So weh es tut, dein Inneres Kind muss sich geschlagen geben. Wenn es bis jetzt nicht erreicht hat, von bestimmten Personen geliebt zu werden, dann wird es das, auch wenn ich dir das nur ungern sage, auch nicht mehr erreichen – nicht auf deine bisherige Weise.

Wenn du als Kind nicht genug Liebe, Aufmerksamkeit, Schutz und liebevolle Fürsorge bekommen hast (egal, wie deine Eltern das sehen), hast du dich unweigerlich angestrengt und darum zu kämpfen begonnen. Du hast dir selbst etwas hinzugefügt, hast dich auf eine ganz bestimmte Weise verhalten, hast alles getan, um doch das zu bekommen, was du brauchst, und sei es, dass du dich ganz in dich selbst zurückgezogen hast. Es gibt zwei Strategien, mit denen du versuchen kannst zu bekommen, was du brauchst: Du kannst darum kämpfen, oder du kannst dir das Bedürfnis selbst aus dem Herzen reißen. Beides funktioniert natürlich nicht. Denn was immer du durch deinen Kampf bekommst, es ist nicht das, was du wirklich brauchst, den freien, leichten, goldenen Strom von Liebe. Was immer deine Strategie war – ob du dich angestrengt hast, viel leisten musstest, ob du brav und artig warst und alles getan hast, um Mami und Papi zu gefallen, ob du in den Trotz gerutscht bist und dir einredetest, gar nichts mehr zu brauchen –, das Programm wirkt auch heute noch. Kannst du dir vorstellen, dass dieser Teil deines Inneren Kindes noch immer versucht, den Kampf zu gewinnen, einfach deshalb, weil es nicht zum Aushalten ist, ihn zu verlieren? Sich einzugestehen, dass man tatsächlich nicht bekommen hat, was man brauchte, und den Schmerz darüber zu spüren, ist viel schlimmer, als den Kampf weiterzukämpfen, um die heiß ersehnte Liebe des Vaters, der Mutter doch noch zu bekommen.

Aber das funktioniert nicht, wirklich nicht. Was immer du dadurch bekommst, es ist nicht das, was du brauchst, es nährt dich nicht, es macht dich nur süchtig und noch bedürftiger. Es ist ein altes Muster, an der Stelle nach Liebe zu suchen, an der sie nicht fließt, damit du den Kampf weiterführen kannst. Denn nichts wäre schmerzhafter, als die Waffen zu strecken und aufzugeben. Es bringt uns fast um, den Schmerz darüber zuzulassen, wirklich nicht bekommen zu haben, was wir brauchten. Gehe davon aus, dass ich weiß, wovon ich spreche. Es ist genauso wenig hilfreich, immer und immer wieder die Sehnsucht nach Liebe zu leugnen, sie zu rationalisieren, sich einzureden, dass man das, was man nie hatte, nicht vermissen kann. Das stimmt einfach nicht, und das weißt du auch. Wenn du dich mit ein bisschen Wärme zufriedengibst, weil du es nicht anders kennst, dann hältst du dich künstlich im Mangel, und du bestärkst dich immer wieder selbst in dieser emotionalen Magersucht.

Therapierst du mit Vorliebe bindungsunfähige Frauen oder Männer, indem du Beziehungen mit ihnen einzugehen versuchst? Glaubst du, wenn du sie nur genug liebst, dann werden sie ihr wahres Potenzial schon entfalten? Glaubst du, deine Liebe könne sie heilen? Das Vertrackte daran ist, dass es manchmal tatsächlich zu funktionieren scheint. Daraus kannst du Hoffnung für die nächsten fünf Runden in der Warteschleife schöpfen, und du hast die Rechtfertigung dafür, deinen Kampf weiterzukämpfen, anstatt die Waffen zu strecken und deine Niederlage einzugestehen.

Bekommst du Schuldgefühle, wenn du Nein sagst, kann man dir leicht einreden, deine Bedürfnisse wären irgendwie überzogen, komisch oder unangemessen? Nun, das sind sie nie. Sie sind einfach, wie sie sind. Und deshalb wird es Zeit, dass du selbst die Verantwortung für dein Inneres Kind und sein Bedürfnis nach Zärtlichkeit übernimmst. Aber wie?

Die innere Streichelmassage

Hm. Du sollst dein Inneres Kind in Gedanken streicheln, das ist die Übung, die ich dir im Folgenden anbiete. »Ist das nicht pure Zeitverschwendung«, fragst du vielleicht, »gar Selbstbetrug? Ersetzt das tatsächlich den Menschen, der mich hält und mir gibt, was ich brauche?«

Nein. Es gibt dir etwas Besseres. Einen Menschen, der dich genau so anfasst, wie du es magst, der dich als Kind bedingungslos liebt und anerkennt und der sich so lange Zeit für dich nimmst, wie du es gerne haben willst – ohne dass du ihm etwas dafür zurückgeben musst!

Innere Reise: Streichelmassage für dein Inneres Kind

Lege dich bitte bequem hin, und schließe deine Augen. Stelle dir die gemütlichste, bequemste Liegefläche vor, die es überhaupt gibt. Sie darf an einem ganz außergewöhnlichen Ort sein, in den Wolken, in einem Baumhaus oder wo es dein Inneres Kind eben mag. Bitte nun dein Inneres Kind zu dir, und sage ihm, dass du es sehr liebst und ihm das gern zeigen möchtest. Nimm es in den Arm, nimm Kontakt mit ihm auf. Sage dann deinem Inneren Kind, dass es sich, wenn es das will, hinlegen darf. Frage es bitte, ob du dich danebenlegen darfst, wenn du das möchtest, sonst setze dich in Gedanken neben das Kind. Reibe nun deine Hände fest aneinander, damit sie sich energetisch aufladen. Und dann lege deine sehr warmen Handflächen achtsam auf den Körper deines Inneren Kindes. Am besten auf den Rücken. Falls es aber so liegt, dass du nicht an den Rücken herankommst, dann fühle, wo dein Inneres Kind am liebsten berührt werden will. Spürst du das nicht, dann frage es einfach. Du spürst, ob dein Inneres Kind offen ist und sich an dich kuschelt, ob es sich streckt und sich über die Berührung freut oder ob es sich verkrampft und zusammenzuckt. Dann halte es einfach ein wenig, lass die Hände auf ihm liegen, und sage ihm: »Ich halte dich.« Mehr solltest du in diesem Fall heute nicht tun, berühre es für ein paar Minuten.

Genießt dein Inneres Kind die Berührung, dann beginne, es sanft zu streicheln. Streiche im Uhrzeigersinn (weil die Darmperistaltik so herum arbeitet) über den Bauch, massiere die Füßchen, streichle sein Gesicht. Sage deinem Inneren Kind nach einer Weile, dass es sich auf den Bauch drehen darf, wenn es das möchte. Zwischen den Schulterblättern sitzt das sogenannte Tor des Vertrauens, es ist der hintere Bereich des Herzchakras. Lege deine Hände darauf, und halte das Kind einfach. Streichle besonders den Nacken und die Schultern. Wenn das Kind es will, darf es sich natürlich auch ausziehen. Geschieht das, dann erscheint vor deinem inneren Auge ein Fläschchen mit warmem, wunderbar duftendem Heilöl, das genau die Energie enthält, die dein Inneres Kind heute braucht. Reibe dir die Hände damit ein, und streiche sanft über den kleinen Körper des Inneren Kindes. Habe keine Angst, auch den Po des Inneren Kindes zu streicheln, das kann sehr angenehm sein und ist ganz und gar asexuell. Denn gerade hier verkrampfen wir uns häufig, wenn wir Stress haben und funktionieren müssen, was dann zu Kreuzschmerzen und sogar Bandscheibenvorfällen führen kann.

Wenn du willst, dann kannst du noch einen Schritt weitergehen. Stelle dir nun vor, aus deinen Händen wachsen leuchtend goldene Lichtstrahlen. Frage dein Inneres Kind, ob du es auch innen berühren darfst. Wenn es das erlaubt, dann lass deine Lichtfinger in das Innere des Inneren Kindes hineingreifen, und streichle auch die Organe.

Verbringe so viel Zeit damit, dein Inneres Kind zu streicheln, wie es sich für euch beide gut anfühlt. Lege dich am Ende zu deinem Inneren Kind, und halte es einfach, wenn es das will. Wenn es nun dich streicheln will, dann erlaube ihm das, das Innere Kind braucht genauso Gelegenheit, um seine Liebe zu zeigen, wie du.

Selbstverständlich kannst du diese Massage mit deinem Inneren Kind auch in einer gedachten oder echten warmen Badewanne durchführen oder an jedem anderen Platz. Wenn ihr fertig seid, dann bringe dein Inneres Kind bitte in den Zaubergarten, bevor du die Augen öffnest, oder lass es einfach an deiner Seite mit in die Außenwelt kommen, je nachdem, was du nun vorhast.

Recke und strecke dich ein wenig, komme dann in deiner Zeit zurück in den Raum, in dem du dich befindest. Und freue dich auf dein nächstes Kuscheltreffen mit deinem Inneren Kind!

Nimm bitte das Bedürfnis deines Inneren Kindes ernst. Mache dir die Mühe, und schenke ihm ein Haustier, wenn es das unbedingt will und du es irgendwie ermöglichen kannst. Das weiche Fell einer Katze oder eines Hundes zu streicheln, wenn sich dein Inneres Kind danach sehnt, seine Liebe durch Zärtlichkeit zu zeigen, ist durch nichts zu ersetzen.

Denn auch dein Inneres Kind will seine Liebe zeigen und ausdrücken, nicht nur Liebe empfangen. Es will helfen, schenken, streicheln, ungeteilte Zeit mit denen verbringen, die es liebt.

Nicht nur, um etwas zu bekommen, sondern auch, um etwas zu geben. Schenke deinem Inneren Kind die Gelegenheit, auch etwas geben zu dürfen.

Wenn du dich schon lange nicht mehr oder noch nie bewusst um dein Inneres Kind gekümmert hast, dann ist es sehr wahrscheinlich, dass es sich Ersatzeltern gesucht hat. Das sind Freunde, Partner oder andere Bezugspersonen, an die es sich klammert, oft Leute, die durch ihr Auftreten Fürsorge versprechen. Da wir alle mehr oder weniger verletzt sind, ist dieses Fürsorgeversprechen, sei es ausgesprochen oder angenommen, oft genug eine Art Köder. Das meine ich gar nicht wertend oder gar böse.

Wir alle legen unsere Köder aus, um zu bekommen, was wir brauchen, solange wir uns noch nicht um uns selbst kümmern können.

Schaue also in der nächsten Übung bitte nach, ob sich dein Inneres Kind an eine andere Person klammert und von ihr das bekommen möchte, was du ihm bislang nicht geben konntest. Genauso schauen wir natürlich, ob du die Inneren Kinder anderer mitnährst, denn sehr häufig sind wir Nährender und Bedürftiger gleichzeitig. Das ist auch sinnvoll. Aber nur dann, wenn wir unsere eigene Bedürftigkeit mit der Nahrung, die wir selbst zu geben haben, stillen. Das kann sehr schwierig sein, besonders, wenn wir Menschen in unserer Umgebung haben, die sich darüber definieren, für andere da zu sein. Dann läuft dein Inneres Kind mit fliegenden Fahnen über und fühlt sich endlich gesehen.

Bedürftige Innere Kinder ziehen Menschen, die sich über das »Kümmern« definieren und sich auf diese Weise ihre Daseinsberechtigung sichern, geradezu magisch an. Diese Anziehungskraft kann so stark sein, weil das Innere Kind so bedürftig ist, dass wir das nicht einmal wahrhaben wollen. Ein bedürftiges Inneres Kind ist nicht mehr süß, sondern kann dunkel werden und massiv fordern. Warum? Weil es aus dem Stammhirn heraus agiert, und hier sitzt nun einmal unser Überlebenswille. Der säuselt nicht. Der bittet auch nicht. Der kämpft verbissen – und das durchaus auch mit unlauteren Mitteln.

Wie erkennt man, ob man die Inneren Kinder anderer nährt? Wenn wir ein bedürftiges Inneres Kind spüren, wenn wir dieses Gefühl bekommen, uns kümmern zu müssen, dann können wir uns entweder drastisch abgrenzen, was manchmal auch sehr wichtig und sinnvoll ist. Oder aber wir rufen Hilfe für das Innere Kind des anderen. Beides ist stimmig, je nachdem, was sich gerade besser anfühlt, in welcher Situation du bist und wie deine Beziehung zu deinem Gegenüber ist.

Ein bedürftiges Inneres Kind beim anderen zu erkennen ist, als würdest du im Kaufhaus ein Kind sehen, das seine Eltern sucht. Du gehst zu dem Kind hin, du lässt es natürlich nicht im Stich. Du fragst es, was passiert ist, und dann suchst du Hilfe. Du lässt es ausrufen. Du nimmst es weder mit nach Hause, noch legst du es dir an die Brust, oder? Und genauso handhaben wir es auch mit den Inneren Kindern anderer.

Innere Reise: Das Innere Kind zu sich zurückholen

Mache es dir bequem, und schließe deine Augen. Entspanne dich, so gut dir das im Moment möglich ist, und stelle dir selbst folgende Frage: Steht mein Inneres Kind bei irgendeinem anderen Menschen, versucht es, Liebe und Zuneigung von jemandem zu bekommen, umschwärmt es jemanden? Das kann ein Chef, ein Expartner, ein aktueller Partner, ein Freund oder ein Familienmitglied sein, sogar das eigene Kind.

Wenn das so ist, dann spürst du es jetzt. Du siehst dein Inneres Kind bei jemandem stehen, oder du weißt es einfach, das können auch mehrere Personen sein. Frage das Innere Kind bitte: »Was erhoffst und ersehnst du dir denn von diesem Menschen, was hat er dir versprochen, was vermutest du, von ihm zu bekommen?« Sei völlig offen für die Antwort, egal, wie absurd sie dir, dem Erwachsenen, auch vorkommen mag.

Gehe dann in Gedanken zu dem Inneren Kind hin. Nimm es in den Arm, und sage ihm: »Du gehörst zu mir, ich bin für dich da, ich passe auf dich auf, und bei mir bist du sicher.« Dann nimm es mit zu dir, achte darauf, dass es wirklich mitkommt. Geht es nur ungern mit dir, dann sage ihm noch einmal ausdrücklich: »Das ist nicht dein Vater, nicht deine Mutter, du gehörst zu mir. Dieser Mensch kann dir nicht geben, was du brauchst, egal, wie sehr du darum kämpfst.« Was aber, wenn es eben doch Vater oder Mutter sind, um deren Liebe das Innere Kind noch immer bettelt und kämpft? Dann gilt das Gleiche. Denn auch Vater und Mutter können dem Inneren Kind nicht geben, was es braucht, sonst hätten sie es längst getan. Sage ihm dann: »Das ist zwar dein Vater/deine Mutter, aber er/sie hat nicht, was du brauchst. Ich bin für dich da, und bei mir bist du sicher.« Wenn es nicht mit dir mitkommen möchte, dann bitte einen Schutzengel, Mutter Maria oder eine andere Kraft deines Vertrauens um Hilfe.

Schaue jetzt bitte, ob das Innere Kind gar die Lasten des anderen zu tragen versucht, ob es um Liebe kämpft, indem es das Leben des anderen leichter zu machen versucht. Stelle dich in diesem Fall vor dein Inneres Kind, und halte deine Hände auf. Sage ihm: »Gib mir nun alles, was du für den anderen trägst. Es hilft ihm nicht, wenn du das trägst. Du kannst ihm deine ganze Liebe schenken, doch ich versorge dich, und du brauchst nichts für ihn zu tragen. Gib es mir, ich kümmere mich darum.«

Sieh nun, wie dir das Innere Kind all die Lasten gibt, die es für den anderen getragen hat. Wenn es dir alles gegeben hat, dann rufe den Schutzengel des anderen oder einfach Mutter Erde. Gib dieser Kraft die Last, die du deinem Inneren Kind abgenommen hast. Hier sind die Lasten gut aufgehoben.

Nun kommt das Innere Kind leicht und frei mit dir mit. Bringe es in den Zaubergarten, oder nimm es einfach in den Arm, und halte es, je nachdem, was euch beiden gerade lieber ist.

Komme dann in deiner Zeit zurück in den Raum, in dem du dich befindest, und überprüfe bitte immer wieder, ob dein Inneres Kind wirklich voll und ganz bei dir ist.

Mache diese Übung vor allem im Hinblick auf ehemalige Freunde und Partner, gerade dann, wenn du nicht gut loslassen kannst. Oft genug kämpft ein Teil in uns weiter um Liebe, und wir können deshalb nicht weitergehen.

Genauso wichtig ist es jetzt nachzuschauen, ob du das Innere Kind eines anderen nährst. Denn dann hängst du fest, egal, wie sehr du auch loslassen willst. Warum? Weil wir nun einmal liebende, soziale, schützende und nährende Wesen sind, ob uns das gefällt oder nicht. Und wenn wir ein Kind in Not sehen, dann nehmen wir es in unsere Obhut, ganz unbemerkt. Vor allem, wenn wir uns, wie ich oben schon sagte, darüber definieren, für andere da zu sein.

Innere Reise: Das Innere Kind in gute Hände geben

Schließe wieder deine Augen, richte deine Aufmerksamkeit nach innen. Nun bitte darum, dass sich all die Inneren Kinder zeigen, die du für andere nährst. Vielleicht hängen sie an dir, gar an deiner Brust, vielleicht sind sie einfach um dich herum. Schaue nach, ob du das Innere Kind eines Menschen, den du schon lange loslassen willst, versorgst. Auch die Inneren Kinder deiner Eltern können sich an dich heften.

Wenn du erkennst, dass du das Innere Kind eines anderen nährst, dann sage ihm: »Ich bin nicht deine Mutter/dein Vater. Es gibt einen besseren Platz für dich als hier bei mir«. Rufe nun in Gedanken den Menschen, dessen Inneres Kind du hütest, und bitte ihn, sich seines Inneren Kindes anzunehmen. Nimmt er es zu sich, ist alles gut, doch meistens wollen die Menschen, deren Innere Kinder wir hüten, mit ihrem Inneren Kind nichts zu tun haben. Deshalb sind die Inneren Kinder ja so bedürftig. Das macht nichts, denn jetzt rufen wir die Schutzengel und die Kräfte, die für diese Inneren Kinder zuständig sind. Rufe einfach die Kräfte, die für diese Inneren Kinder sorgen können, seien es Mutter Erde, Mutter Maria, die große Erdgöttin oder wer auch immer. Die Kräfte wissen schon, wenn sie gemeint sind, auch wenn du nicht weißt, wen du rufen sollst. Bitte diese Kräfte nun, sich des Inneren Kindes anzunehmen und es zu versorgen. Lass es los, pflücke es, wenn es nicht anders geht, von dir ab, selbst wenn du ein wenig rabiat sein musst. Es dient wirklich niemandem, wenn sich ein fremdes Inneres Kind an dir festkrallt. Es gibt einen besseren Ort für dieses Innere Kind, und wenn du das weißt, dann hast du auch die Entschlossenheit, es wirklich abzugeben, auch gegen seinen Willen. (Das gilt nicht für die Inneren Kinder deiner eigenen Kinder! Dazu gleich mehr.)

Sieh nun, wie das Innere Kind versorgt wird und sich langsam entspannt. Lass es nun los, selbst wenn das bedeutet, dass du die Kontrolle über den anderen abgibst. Denn das war dein eventueller Gewinn: Kümmerst du dich um das Innere Kind eines anderen, dann hast du Macht über ihn. Lass diese Macht gehen, sie dient weder dir noch dem anderen, und mit Liebe hat sie sowieso nichts zu tun.

Komme in deiner Zeit in den Raum zurück, in dem du dich befindest, und überprüfe regelmäßig, ob du fremde Innere Kinder nährst. Das kann passieren, wenn du zum Kümmern neigst. Du darfst sie ganz undramatisch in liebende Hände geben.

Wenn du das Innere Kind deines eigenen Kindes nährst, dann frage dich bitte, ob du ihm als Vater, als Mutter nicht alles gegeben hast, was es brauchte und was dir möglich war. Falls das stimmt, dann gehe in Gedanken in die Situation zurück, in der du deinem Kind etwas schuldig geblieben bist. Gehe als der Erwachsene von heute mit dazu, und gib dem Kind das, was es von dir braucht. Nähre es genauso, wie du das für dein eigenes Inneres Kind tust. Dann kannst du es loslassen. Entweder gibst du es in die Hände deines erwachsenen Kindes oder aber in die Hände seines Schutzengels. Es ist nie zu spät, ein Kind zu versorgen und ihm alles zu geben, was du für es hast, weder für dein Inneres Kind noch für deine Kinder. Du kannst ihm jederzeit geben, was es braucht, egal, wie alt es ist, indem du gedanklich in der Zeit zurückreist und es an der Stelle abholst, an der es noch steht und deine Liebe braucht.

Es kann aber auch sein, dass dein Kind, egal, ob es schon erwachsen ist oder nicht, gerade besonders viel Mutter- oder Vaterliebe braucht. Besonders, wenn dein Kind in einer schwierigen Situation steckt, darfst du das Innere Kind deines Kindes hüten und nähren. Halte es aber bitte nicht fest, sondern gib es zu gegebener Zeit zurück.

Ich möchte dir eine weitere innere Reise anbieten, die ich bereits im Buch »Wie ich dir meine Liebe zeige« beschrieben habe. Doch sie passt hier hervorragend hin, und vielleicht kennst du das andere Buch ja nicht.

Innere Reise: Das Kuschelkrafttier des Inneren Kindes

Mache es dir bequem, lege dich hin, entspanne dich, und dann schließe deine Augen. Stelle dir vor, du gehst durch ein Tor, wie immer dieses Tor auch aussehen mag. Hast du es durchschritten, so entdeckst du hinter dem Tor eine liebliche Landschaft, in der du dich sehr wohl- und entspannt fühlst. Die Sanftheit der Landschaft besänftigt auch dich, und du fühlst Frieden in dir einkehren. Du gehst ein wenig spazieren, setzt dich nach einer Weile unter einen Baum. Du weißt, dass du ein Inneres

Kind hast, einen Anteil in dir, der sehr kindlich ist und das auch sein darf, der sich kindlich freut, aber auch kindlich trauert, der die Welt in emotionaler Hinsicht eben wie ein Kind wahrnimmt. Weil das so ist, weißt du, hat dieser Anteil auch kindliche Bedürfnisse. Und das ist auch genau richtig so.

Auf einmal taucht in deiner Nähe ein Tier auf. Es kommt auf dich zu, und du bleibst ganz still sitzen, bist ganz offen für diese Begegnung. Was auch immer es für ein Tier ist, es sagt dir durch die Kraft seiner Gedanken: »Ich bin das Krafttier deines Inneren Kindes.« Lass das bitte einfach so stehen, egal, welches Tier vor dir steht oder sitzt. Frage es nur: »Welche Kraft gibst du denn meinem Inneren Kind?« Das Tier zeigt dir nun, auf welche Weise es deinem Inneren Kind zur Seite steht, indem es dich die Kraft fühlen lässt oder ein wissender Gedanke in deinem Kopf aufblitzt.

»Ich habe einen Freund«, sagt das Krafttier, »dein Inneres Kind hat einen weiteren Verbündeten. Es gibt ein Kuschelkrafttier.« Und nun erscheint dieses wie aus dem Nichts. Ein Krafttier, das ausschließlich zum Kuscheln für das Innere Kind da ist. Du erkennst: Zärtlichkeit ist eine Kraft, natürlich! Also gibt es auch Krafttiere für Zärtlichkeit. Bitte nun die Krafttiere, sich deines Inneren Kindes anzunehmen. Kennst du dein Inneres Kind, dann lass dich von den Krafttieren zu ihm hinführen, kennst du es noch nicht, vertraue darauf, dass die Krafttiere es finden und ihm geben, was es braucht. Deine Aufgabe ist es nur, die Kräfte zu rufen, sie tun dann schon das Übrige. Sieh dich nun als Kind mit deinen Krafttieren spielen und kuscheln, und atme die Freude, die Geborgenheit tief in dein Herz hinein.

Komme nach einer Weile wieder zurück in den Raum, in dem du dich befindest. Wann immer du dich ungeborgen fühlst und dennoch keine Zeit hast, dich gut um dein Inneres Kind zu kümmern, rufe das Kuschelkrafttier, und bitte es, deinem Inneren Kind Gesellschaft zu leisten.

Herzensgeschenke

Das Versprechen:

Ich erfülle dir von Herzen gern deine Wünsche, wenn es in meiner Macht steht.

Kinder glauben an Geschenke. Sie glauben daran, dass es jemanden gibt, der ihnen gern eine Freude macht. Leider glauben sie auch daran, dass sie sich diese Geschenke durch braves Verhalten erkaufen müssen. Doch alles, was du bekommst, weil du brav warst, ist ein Honorar, kein Geschenk. Und so bringen der Weihnachtsmann oder das Christkind eben keine Geschenke. Sie zahlen den Lohn fürs Bravsein aus.

Wenn du nun auch noch enttäuscht wurdest, nicht bekamst, was du dir so sehnlich gewünscht hast, sondern ein anderes, eventuell vernünftigeres Geschenk erhieltest, wenn also das sowieso schon teuer bezahlte Geschenk auch noch eine Erziehungsmaßnahme darstellte, dann bekamst du eine bittere Nachricht, so gut es deine Eltern auch meinten: Du wirst nicht gesehen. Ganz einfach. Es geht nicht darum, dir eine echte Freude zu machen, zumindest kommt es nicht so an. Sondern du wirst gemaßregelt oder abgespeist. Klingt das undankbar? So meine ich es nicht. Ich weiß, dass Eltern ihren Kindern voller Liebe und nach bestem Wissen und Gewissen (und Geldbeutel) Geschenke machen. Dennoch stimmt auch die andere Sichtweise.

Zunächst einmal: Sage deinen Eltern bitte »Danke«, einfach dafür, dass sie dich ins Leben geholt haben. Selbst wenn du unerwünscht warst: Du bist da. Sie haben dir das Leben geschenkt und ermöglicht. Das wichtigste Geschenk, das einzige, das zählt, hast du also bekommen, damit ist alles gut, egal, was sonst noch geschah. Für alles Weitere bist du nun selbst verantwortlich. Und das ist gut so. Denn du selbst kannst deinem Inneren Kind all das geben, was es sich so sehnlich erhofft. Was bedeutet es überhaupt, jemandem ein Geschenk zu machen? Es bedeutet:

Ich habe an dich gedacht.
Ich will dir eine Freude machen.
Ich möchte dich mit Schönheit umgeben.
Ich zeige dir die Fülle des Lebens.
Und es bedeutet:
Ich sehe dich und das, was dich erfreut.

Kinder schenken sich andauernd etwas gegenseitig, teilen sich selbst, verschenken ein Stück von sich. Besonders häufig tun das Jugendliche. Das wichtigste Geschenk, das du deinem Inneren Kind machen kannst, ist, bewusst Zeit mit ihm zu verbringen. Und dennoch gibt es vielleicht etwas, das du dir schon immer gewünscht hast, ein ideales Geschenk, etwas, was dir gezeigt hätte: Ich bin wertvoll. Ich werde geliebt. Ich werde gesehen.

Wie einfach es ist, Kindern dieses Gefühl zu geben, und wie leicht es deshalb auch ist, Kinder zu enttäuschen, zeigt diese Geschichte:

Meine kleine Schwester wünschte sich vor langer Zeit ein ganz bestimmtes, ziemlich teures Fahrrad. Nun hatten weder meine Mutter noch ich (wundere dich nicht über meine Familienverhältnisse, ich komme aus einer Patchworkfamilie, die wirklich schwierig zu durchschauen ist) das Geld, ihr diesen Wunsch zu erfüllen, beim besten Willen nicht, auch nicht zusammen. Und genau das sagte ich ihr. Ich sagte: »Du bist es wert, dieses Fahrrad zu bekommen, und ich würde es dir sofort schenken, ich habe nur wirklich das Geld nicht. Aber du bist es wert, du solltest das Fahrrad haben, weil es dich glücklich macht. Dass du es im Moment nicht bekommst, heißt nicht, dass du es nicht wert bist, verstehst du das?«

Ihre Augen begannen zu strahlen, und ich schämte mich fast, weil sie so leicht zu beglücken war. Ich war tief berührt davon, dass schon die Versicherung, sie sei dieses Geschenk wert, diese Freude in ihr auslöste. Irgendwann bekam sie dann natürlich dieses Fahrrad.

Weil das so ist, weil Kinder glauben, was man ihnen sagt, ist es auch so leicht, sie zu enttäuschen. Denn wie oft sagen wir einfach etwas so dahin und halten es nicht? Wenn du deinem Inneren Kind zeigen willst, dass du es liebst, dann halte die Versprechen, die du ihm machst. »Dann mach ich eben erst gar keine«, sagst du vielleicht. Nun, das ist der eine Weg. Der aber zu nichts führt. Der andere wäre, dich zu verpflichten, die Wünsche deines Inneren Kindes kennenzulernen und ernst zu nehmen. Und sie zu erfüllen. Warum? Weil sie sowieso da sind. Wenn du kein bewusst geliebtes Inneres Kind hast, dann hast du eben ein unbewusst ungeliebtes.

Zum Glück ist es nie zu spät für das ideale Geschenk und für die Erfüllung der Herzenswünsche. Du kannst dein Inneres Kind auch heute noch beschenken. Entweder tatsächlich oder in deiner Vorstellung. Wenn möglich, dann tue am besten beides.

Innere Reise: Das ideale Geschenk

Mache es dir bequem, schließe deine Augen. Stelle dir bitte ein Tor vor, das du durchschreitest. Das Tor führt dich in eine Landschaft, die gerade jetzt vor deinem inneren Auge entsteht und in der du dich sehr wohlfühlst. Du gehst ein wenig spazieren, die Natur ist wundervoll. Auf einmal entdeckst du ein großes, weißes Tor, es ist geschlossen. Vor dem weißen Tor steht ein Wächter, bemerkst du, denn jetzt bewegt er sich.

Er schaut dich an und scheint dich zu erkennen, denn er tritt zur Seite. Das Tor öffnet sich weit – und du trittst in einen so wunderschönen Garten ein, wie du noch keinen zuvor gesehen hast. Hinter dir schließt sich das Tor, doch statt dich beengt zu fühlen, spürst du unendliche Sicherheit und Weite. Der Garten öffnet sich zu einem Park. Ein riesiger, heller Engel schwebt auf dich zu, du kannst es kaum glauben. »Ich hüte diesen Zaubergarten«, sagt dir der Engel, »willkommen am sicheren Ort für dein Inneres Kind.« Du entspannst dich tief. Wenn es einen solchen sicheren Ort gibt, dann weißt du dein Inneres Kind in besten Händen.

»Es wird Zeit für ein bisschen Heilung«, sagt der Engel und lässt ein wenig Kraft in dich hineinfließen. Sofort fühlst du dich besser. »Bist du bereit?«, fragt er dich, und du nickst. Du beginnst zu träumen. Auf einmal entsteht vor deinem inneren Auge eine Situation, ein Weihnachten, ein Geburtstag oder ein ganz normaler Tag, an dem du dir sehr innig und sehnlich etwas ganz Bestimmtes gewünscht hast. Ein Geschenk. Gesundheit für deine Familie, Frieden und Harmonie. Ein Haustier oder auch einfach eine Puppe oder eine Eisenbahn. Für ein Kind sind Herzenswünsche gleichwertig, es unterscheidet nicht zwischen materiellen und immateriellen Wünschen. Du siehst dich also als Kind – unbeschenkt und enttäuscht. Warum auch immer du dieses Geschenk nicht erhalten hast, auf einmal spürst du, wie der Engel zu dem Kind von damals schwebt und es sanft auf seine Arme nimmt. Er holt es aus der Situation heraus und bringt es in den Zaubergarten, zu dir. Nun steht es vor dir, dieses enttäuschte Kind. Egal, ob dir sein Schmerz vorher bewusst war oder nicht, jetzt kannst du ihn ganz deutlich erkennen. Nimm das Kind in den Arm, und halte es. Sage ihm: »Ich sehe dich, ich höre dich, und ich nehme dich wahr.«

Das Kind entspannt sich, und der Engel berührt es sanft mit seinen Flügeln. Plötzlich erscheint wie aus dem Nichts ein bunt verpacktes Geschenk, es glitzert und funkelt. »Das ist für dich«, sagt der Engel und gibt dem Kind dieses Geschenk. Dein Inneres Kind nimmt es und beginnt, es zu öffnen. Und jetzt geschieht ein Wunder. Du spürst, wie alle Energie, die du seit dem Tag der Enttäuschung bewusst oder unbewusst vermisst hast, alle Liebe, Geborgenheit und das Gefühl, wertvoll zu sein, auf einmal in dich hineinströmen. Das Kind öffnet das Geschenk, und jetzt durchfährt dich pure Freude – in einer Schachtel findet dein Inneres Kind genau das, was es sich so sehnlich und schon so lange wünscht. Die Kraft des Geschenkes fließt in das Kind hinein, egal, ob es ein materielles oder immaterielles Geschenk ist. Energie erfüllt das Kind, gibt dem Kind Sicherheit, Vertrauen und das Gefühl, geliebt und gesehen zu werden.

Du nimmst das Kind in die Arme und freust dich mit ihm. Versprich ihm, von nun an all seine Wünsche zu erfüllen, soweit es in deiner Macht steht. Fange sofort damit an. Denn wenn du nun wieder deine Augen öffnest, bitte ich dich, gleich aufzuschreiben, welchen tiefen Wunsch dein Inneres Kind hatte. Ist es ein materieller Wunsch, dann gehe einkaufen. Kaufe deinem Inneren Kind bitte, was es damals haben wollte, wenn das in deiner Macht steht. Es ist nie zu spät für Herzensgeschenke und die Erfüllung von Herzenswünschen.

Die Schwierigkeit liegt darin, dass auch dein Inneres Kind sicher oft durch Geschenke manipuliert wurde. Deshalb achte bitte darauf, dass du ihm wirklich Geschenke machst und es nicht einfach nur ruhigstellst. »Wenn du dich so und so verhältst, dann bekommst du ...« – das kann man machen, in Ausnahmesituationen. Aber es ist kein Ausdruck von Selbstwertschätzung, das muss klar sein.

Gehe in einen Spielzeugladen. Gehe in ein Tierheim. Gehe in ein Kinderbekleidungsgeschäft, in ein Kindertheater. Lies ihm vor. Koche ihm Pudding. Schenke deinem Inneren Kind, wenn es dir möglich ist, das, was es sich schon so lange wünscht. Es ist nie zu spät für die ideale Puppe, den Teddy oder die Eisenbahn, auch nicht für das Kleidchen. Und sowieso nicht für einen Hund, wenn du es irgendwie ermöglichen kannst. Nimm die Wünsche deines Inneren Kindes einfach ernst, dann öffnen sich neue Wege.

Dir selbst zu zeigen, dass du dich für wertvoll hältst, bedeutet, dich selbst zu erfreuen. Es ist ein Geschenk für das Innere Kind, wenn du dich für einen Moment mit ihm auf eine Wiese setzt, damit es den Schmetterling in Ruhe betrachten kann, auch wenn du es eilig hast. Schenke ihm Zeit, die Zeit, die es eben braucht, um das, was es gerade wahrnimmt, in sich aufzunehmen. Denn das ist das Geschenk, welches das Innere Kind dir macht: Es nimmt die Schönheit des Lebens wahr. Es freut sich, es staunt, es ist begeistert und scheut sich nicht, hingerissen und entzückt zu sein. Das Innere Kind nimmt einen schönen, sonnigen Herbsttag wie heute im Gegensatz zu mir nicht als Mittel zum Zweck – ich kann in den Garten gehen, dort arbeiten, ich kann Rasen mähen, Blumenzwiebeln pflanzen und meine Wäsche trocknen –, sondern als das, was er ist: ein einzigartiger, wunderschöner Augenblick im Leben. Das Innere Kind schenkt dir, wenn du es lässt, den Blick für nichts weniger als den Sinn des Lebens.

Warum hast du dich als Kind so angestrengt, um laufen zu lernen? Was das für eine mühselige Prozedur war, ist ja fast nicht in Worte zu fassen. Es war, als wolltest du heute lernen, auf einem Hochseil zu tanzen. Also, wozu die Mühe? Weil du schauen wolltest, was hinter der nächsten Tür war. Weil du neugierig warst. Weil du mitmachen wolltest.

Mehr braucht das Innere Kind nicht. Das Leben braucht keinen Sinn. Es tanzt mit sich selbst, das ist der Sinn. Wenn du am Meer stehst und den Wellen zuschaust, die sich donnernd an den Felsen brechen und in Regenbogenfarben aufschäumen, brauchst du da noch einen weiteren Sinn? Die Kraft der Elemente zu erleben, dich selbst, deine Gefühle, deine Lebendigkeit, die Zartheit und die Stärke deines Körpers zu spüren – braucht es noch mehr Sinn? Das Leben selbst ist der Sinn. Dein Inneres Kind weiß das. Und es zeigt dir diesen Sinn in jeder Minute, wenn du es lässt.

Ich sitze hier und tippe wie eine Wilde, weil ich dieses Buch heute fertig schreiben will. Das werde ich auch schaffen. Mein Kater liegt neben mir und atmet. Ich darf ihn versorgen, ich darf ihm ein Zuhause geben, und ich darf dieses wunderschöne, geliebte Wesen streicheln. Er vertraut mir. Er liegt hier, ist geschützt und sicher, während ich neben ihm arbeite. Brauche ich mehr Sinn? Meine innere Erwachsene und mein spirituelles Selbst schon. Mein Inneres Kind aber streicht über dieses weiche Fell, spürt das Atmen und ist entzückt. Mehr braucht es nicht – das aber braucht es dringend!

Schenke deinem Inneren Kind deine Aufmerksamkeit, deine Zeit, und erlaube ihm, dir seine Sicht des Lebens zu schenken.

Und damit du von Tag zu Tag besser auf dein Inneres Kind aufpassen kannst, gebe ich dir hier noch ein paar Hinweise, die dich stärken und ermutigen sollen.

Rechte des inneren Erwachsenen

Du hast das Recht, Nein zu sagen, wenn dir eine Situation nach sorgfältiger Prüfung und weil sie nicht dem Leben dient gegen den Strich geht.

Selbstverständlich trägst du die Konsequenzen für dein Nein. Aber du trägst auch die Konsequenzen für dein unaufrichtiges (oder feiges) Ja. Es geht nicht darum, zwischen dem leichten und dem schwierigen Weg zu wählen. Es geht darum zu entscheiden, welcher Weg zu Lebendigkeit, Freiheit und Reife führt, statt den angenommenen Sachzwängen zu dienen. Dein Nein zu dem, was dem Leben schadet, weil es Entwicklung verhindert und unaufrichtig ist, stärkt dein Ja zu dir selbst und zu deiner Lebendigkeit.

Jedes unaufrichtige Ja, jedes Stillhalten, das dir ernsthaft gegen den Strich geht, drängt dich tiefer in die Opferrolle hinein und bestätigt deine Annahme, du könntest sowieso nichts ändern. Du bestätigst dich damit immer wieder selbst darin.

Dazu gehört auch, dass du Beziehungen verlassen darfst oder erst gar nicht eingehen musst, die dir nicht guttun. Es bedeutet schlicht, sehr sorgsam auf dein Bauchgefühl zu hören und das, was du tief in dir spürst, zur Handlungsgrundlage zu machen. Nicht die Angst. Nicht die Vermeidung. Sondern dein tiefes, inneres Bauchgefühl.

Du hast das Recht, Ja zu sagen, wenn dir eine Situation sinnvoll und dem Leben dienend zu sein scheint.

Es kostet Mut, Ja zu sagen und sich auf etwas Neues einzulassen, besonders, wenn die Umstände oder die Menschen in deiner Umgebung dagegensprechen. Du trägst die Verantwortung und auch die Konsequenzen. Aber was ist daran neu? Das tust du sowieso. Das schreibe ich deshalb so oft, damit du es dir immer wieder klarmachst. Du trägst die Konsequenzen für alles, was du entscheidest. Und weil das so ist, darfst du so entscheiden, wie es sich für dich gut anfühlt. Der innere Erwachsene kann das. Stelle dir einfach vor, hinter deiner Stirn leuchtet ein Licht auf. Jetzt ist deine Großhirnrinde aktiv. Und hier findest du die konstruktiven, angstfreien Lösungen.

Du hast das Recht, genau zu denken.

Was meint das? Du hast eine ausgebildete Großhirnrinde und damit einen Assoziationscortex. Ob du nun weißt, was das bedeutet oder nicht, spielt gar keine Rolle, du hast ihn, und er funktioniert. Das heißt, du bist in der Lage, Dinge auch mental vielschichtig zu erfassen und dir ein eigenes Bild zu machen, statt vorgefertigte Meinungen und Sichtweisen zu übernehmen. Jedes Ereignis besteht aus vielen Aspekten. Meistens greifen wir einen Aspekt heraus, üblicherweise den angsteinflößenden, weil das unser Gehirn eben so macht. Wir überbetonen ihn, kommen zu dem Schluss, dass dieser Aspekt die ganze Wahrheit ist, und reagieren entsprechend mit Angst oder Schmerzvermeidung. Doch du bist erwachsen, du kannst bewusst denken. Genau zu denken heißt nicht, zwanghaft positiv zu denken. Sondern die Gegebenheiten einzubeziehen und dann eine vernünftige Sichtweise zu wählen. Du darfst deinen gesunden Menschenverstand nutzen, das solltest du sogar. Der Verstand wird oft verteufelt, dabei ist er eine großartige Errungenschaft. Lass dir von sogenannten spirituellen Lehrern nicht das vernünftige Denken ausreden. Die Menschen, die sagen »Mein Kopf funkt mir wieder dazwischen«, meinen in Wahrheit die Angst, die sich des Sprachzentrums bedient und sich anhört, als wäre sie die Stimme des Verstandes. Echte Vernunft geht anders. Echte Vernunft zu nutzen macht dich weit und frei. Oder hältst du es für vernünftig, aus Angst vor dem Versagen etwas erst gar nicht anzufangen? Im Gegenteil, oder? Na also.

Du hast das Recht, deine innerste, sorgfältig geprüfte Wahrheit zu deiner Handlungsgrundlage zu machen, egal, ob sie anderen gefällt oder nicht.

Echte und radikale Selbstverantwortung bedeutet, dass du dich frei machst von jeder Verurteilung und dass du aufhörst, es anderen recht zu machen. Das kann nur der innere Erwachsene. Das Innere Kind scheitert an dieser Aufgabe. Es ist auf Gedeih und Verderb dem Wohlwollen der anderen ausgeliefert, weil es noch nicht selbst für sich sorgen kann. Du, der Erwachsene, aber kannst das, und weil das so ist, darfst du diese Selbstfürsorge auch für dich in Anspruch nehmen und dir zutrauen, mit dem, was durch deine Entscheidungen auf dich zukommt, klarzukommen. Selbstverständlich darfst du dir jederzeit Hilfe holen. Es ist ein Zeichen von Reife, das zu tun. Doch je sicherer du auf deinen eigenen Beinen stehst, umso furchtloser kannst du dein Leben meistern. Es gibt einen Unterschied zwischen »angsteinflößend« und »gefährlich«. So, wie es einen Unterschied gibt zwischen »kurzzeitig befriedigend« und »nachhaltig erfüllend«. Der Erwachsene in dir weiß das und kann entsprechend wählen.

Du hast das Recht, für all das einzustehen, was dir heilig ist und innig am Herzen liegt, egal, ob es anderen gefällt oder nicht.

Es ist in gewissen Kreisen verpönt, an so etwas wie einen Gott zu glauben. In anderen ist es verpönt, genau das nicht zu tun. Es gibt immer irgendeine Kultur, irgendeinen Glauben, irgendeine Art zu leben, die deiner nicht entspricht. Damit kannst du hadern, dagegen kannst du kämpfen, du kannst versuchen, dich anzupassen, oder du lässt jeden so sein, wie er ist, inklusive dich selbst.

Du brauchst nicht einmal dir selbst immer zu gefallen. Sei der, der du bist, stehe für dich ein, es ist womöglich deine Bestimmung auf der Erde. Und wenn nicht, dann bist es doch einfach du. Dazu gehört auch, deine Grenzen anzuerkennen und sie dir nicht ausreden zu lassen. Du musst nicht alles können. Manche deiner Grenzen sind sehr viel weiter gesteckt, als dir das jetzt bewusst ist. Grenzen anzuerkennen bedeutet, das in jeder Hinsicht zu tun: die inneren Grenzen, die du überschreitest, aber auch die Grenzen, die du noch längst nicht ausgelotet hast. Nutze dein dir zur Verfügung stehendes inneres Territorium, dehne es aus, wenn du willst, aber nimm vor allem das in Besitz, was schon da ist. Du kannst sehr viel mehr, als du glaubst, in einigen Bereichen aber auch weniger, als du von dir forderst. Sei ehrlich. Übernimm Verantwortung für das, was dich berührt, selbst wenn das belächelt wird. Soll es belächelt werden! Gott oder die Natur hat es geschaffen, selbst wenn es nur eine Idee sein sollte. Damit ist es Teil des Lebens, und damit hat es seine Berechtigung. Es braucht Mut, für die Belange, die dir am Herzen liegen, einzustehen, den Mut, sich damit zu zeigen und Zeit dafür aufzubringen.

Am Ende ist es ganz einfach.

Nimm das, was dir, dem Erwachsenen, und dir, dem Inneren Kind, heilig ist, ernst, egal, wie deine Umgebung das sieht. Höre auf, deine Herzensangelegenheiten zu verraten, und sei dir selbst treu. Dann wirst du sehr rasch spüren, wie sehr du dich selbst wertschätzt.

Über die Autorin

Susanne Hühn ist ausgebildete Lebensberaterin und ganzheitliche Physiotherapeutin. Sie schreibt spirituelle Selbsthilfebücher und gibt Lebensberatung, Channelings sowie Meditationskurse für Erwachsene und Kinder. Seit 1986 begleitet sie Menschen auf deren Weg zur Gesundung. Mit dem Schreiben begann sie 1992. Zuerst schrieb sie spirituelle Romane, dann vermittelte sie ihr Wissen in Sachbüchern und auf CDs, die sie mittlerweile in großer Zahl veröffentlicht hat.

www.susannehuehn.de